廣佛華嚴經第十九卷變相
KB235618

大方廣佛華嚴經

일러두기

1. 『대방광불화엄경 강설』 원문原文의 저본底本은 근세에 교정이 가장 잘 되었다고 정평이 나 있는 대만臺灣의 불타교육기금회佛陀敎育基金會에서 출판한 『화엄경소초華嚴經疏鈔』본입니다.

2. 『대방광불화엄경 강설』은 실차난타實叉難陀가 695년부터 699년까지 4년에 걸쳐 번역해 낸 80권본卷本 『대방광불화엄경』을 우리말로 옮기고 강설을 붙인 것입니다.

3. 『대방광불화엄경』은 애초 산스크리트에서 한역漢譯된 경전이지만 현재 산스크리트본은 소실된 상태입니다. 산스크리트를 음차한 경우 굳이 원래 소리를 표기하려고 하기보다는 『표준국어대사전』이나 『불교사전』 등에 등재된 한자음을 사용하는 것을 원칙으로 하였습니다.

4. 경문의 한글 번역은 동국역경원본을 참고하여 그대로 또는 첨삭을 하며 의미대로 번역하고 다듬었습니다.

5. 각 품마다 내용에 따라 단락을 나누고 제목을 달았습니다. 단락의 제목은 주로 청량淸凉스님의 견해에 기초하였고 이통현李通玄 장자의 견해를 참고로 하였습니다.

6. 『대방광불화엄경 강설』의 발행 순서는 한역 경전의 편재 순서를 기준으로 하였고 각 권은 단행본 한 권씩으로 출간될 예정이며 모두 80권으로 완간됩니다. 다만 80권본에 빠져 있는 「보현행원품」은 80권본 완역 및 강설 후 시리즈에 포함돼 추가될 예정입니다.

7. 『대방광불화엄경 강설』 안에서 불교용어를 풀이한 것은 운허스님이 저술하고 동국역경원에서 편찬한 『불교사전』을 인용하였습니다.

8. 각주의 청량스님의 소疏는 대만에서 입력한 大方廣佛華嚴經 사이트의 것을 사용하였습니다.

9. 『대방광불화엄경 강설』 입법계품에 들어가는 문수지남도는 북송北宋시대 불국佛國선사가 선재동자가 53명의 선지식을 친견하여 법을 구하는 장면을 하나하나 그림으로 그린 것입니다.

대방광불화엄경 강설
제 19 권

제4회 설법 사품四品
十九. 승야마천궁품昇夜摩天宮品
二十. 야마천궁게찬품夜摩天宮偈讚品
二十一. 십행품十行品 1

실차난타實叉難陀 한역
무비스님 강설

서문

그때에 세존께서 일체 보리수나무 아래와 수미산 산정을 떠나지 않으시고 저 야마천궁의 보배로 장엄한 궁전을 향하시었습니다. 그때에 야마천왕이 멀리서 부처님이 오시는 것을 보고 즉시 신통한 힘으로써 그 궁전 안에 보련화장寶蓮華藏 사자좌를 변화하여 만들었는데 백만 층으로 장엄하고, 백만의 황금그물이 서로 얽히었고, 백만의 꽃 휘장, 백만의 꽃다발 휘장, 백만의 향 휘장, 백만의 보배 휘장이 그 위에 덮이었습니다.

명칭名稱 여래의 소문 시방에 떨치니
모든 길상吉祥 중에 가장 높으며
그 부처님이 일찍이 이 마니궁전에 드셨으니
그러므로 이곳이 가장 길상합니다.

보왕寶王 여래는 세간의 등불이시니
모든 길상 중에 가장 높으며
그 부처님도 일찍이 이 청정궁전에 드셨으니
그러므로 이곳이 가장 길상합니다.

대방광불화엄경 강설

부처님이 큰 광명 놓아
시방을 두루 비추시니
천상과 인간의 높은 어른 뵈옵기
환히 트이어 걸림 없도다.

부처님 야마천궁에 앉아서
시방세계에 두루 하시니
이런 일은 매우 기특하여
세간에서 희유하도다.

수야마천왕이
열 분의 부처님을 게송으로 찬탄하니
이 모임에서 보는 것처럼
일체 처에서도 모두 그러하도다.

찬탄합시다, 찬탄합시다.
이 세상에 사람 부처님이 오심을 찬탄합시다.
중생 부처님이 오심을 찬탄합시다.
내 부처님이 오시고 당신 부처님이 오심을 찬탄합시다.
서로서로 부처님임을 깨달아
목청껏 소리 높여 찬탄합시다.

2015년 1월 1일
신라 화엄종찰 금정산 범어사

如天 無比

대방광불화엄경 목차

대방광불화엄경 강설 제19권

十九. 승야마천궁품 昇夜摩天宮品

二十. 야마천궁게찬품 夜摩天宮偈讚品

二十一. 십행품十行品 1

대방광불화엄경 강설

제19권

十九. 승야마천궁품

화엄경 9회會 설법 가운데 제3회 설법이 끝나고 제4회의 설법이 시작된다. 제4회 설법에서는 네 품이 설해졌다. 4회 설법은 야마천궁에 올라가서 설하였기 때문에 부처님께서 야마천궁에 올라가시고 야마천왕이 영접하며 게송으로 궁전을 찬탄하는 내용부터 시작한다. 그 제4회의 네 품은 승야마천궁품昇夜摩天宮品과 야마천궁게찬품夜摩天宮偈讚品과 십행품十行品과 십무진장품十無盡藏品이다.

야마천은 불교의 우주관에서 설정한 욕계欲界의 6천天 가운데 제3천이다. 수미산 꼭대기에 있는 도리천忉利天 위의 공간상에 위치하며, 수야마천須夜摩天 또는 염마천焰摩天이라고도 한다.

이 하늘의 주인공은 염마천왕이며 이곳에 사는 신들은 음욕이 경미하여 포옹을 하는 정도로 족하다고 한다. 처음 태어난 때의 모습이 인간의 7세 아이와 같고 얼굴이 원만하며 의복은 저절로 마련된다. 이곳의 하루 밤낮은 인간 세상의 200년에 해당하고, 이곳에 사는 신들의 수명은 2천 세로 인간계의 나이로 환산하면 14억400만 년이 된다.

야마천의 왕은 불교에 수용된 뒤에 매우 중요한 위치를

차지하게 되었고, 우리나라에서는 독특한 신앙 형태를 낳았
다. 원래 이곳의 왕이었던 염마왕은 불교의 지옥관과 함께
지옥의 왕이 되었으며, 그 사상이 중국에 들어와 도교에서
내세운 명부의 법관들, 특히 태산부군泰山府君과 동일시됨으
로써 민중에서 널리 신봉되었다. 이와 같은 야마천에서 십행
품十行品을 중심으로 네 품이 설해졌다.

1. 법회가 모든 시방세계에 두루 하다

이시 　 여래위신력고 　 시방일체세계일일
爾時에 **如來威神力故**로 **十方一切世界一一**

사천하 　 남염부제 　 급수미정상 　 개견여래
四天下의 **南閻浮提**와 **及須彌頂上**에 **皆見如來**가

처어중회 　 　 피제보살 　 실이불신력고 　 이연
處於衆會어시든 **彼諸菩薩**이 **悉以佛神力故**로 **而演**

설법 　 막부자위항대어불
說法하야 **莫不自謂恒對於佛**이러라

그때에 여래의 위신력으로 시방 일체 세계 낱낱 사천하의 남섬부주와 수미산 정상에서 모두 살펴보니, 여래께서 대중들이 모인 가운데 계시는데 그곳의 모든 보살들이 부처님의 위신력으로 법을 연설하면서 제각기 항상 부처님을 대하고 있다고 여기지 않는 이가 없었습니다.

경을 결집하고 편찬하는 경가經家의 설명이다. 모두가 여래의 위신력으로 시방 일체 세계 일일 사천하의 염부제와 수미정상을 두루 다 보게 되었다. 그 모든 곳에는 여래가 보살 대중들의 회중에 계셨다. 그 회중의 모든 보살들이 또한 여래의 위신력으로 법을 연설하면서 모두 다 자신이 항상 부처님을 대면하고 있다고 여겼다. 이와 같이 기이하고 신비로운 현상은 여래의 위신력이었다. 여래의 위신력이란 곧 여래의 안목이며 여래의 지혜며 여래의 견해다. 그러므로 만약 어디서든 여래의 안목을 가진 사람이라면 누구나 이와 같은 경계를 수용할 것이다.

2. 보리수 밑을 떠나지 않고 야마천궁으로 향하다

爾時_에 世尊_이 不離一切菩提樹下_와 及須彌山頂_{하시고} 而向於彼夜摩天宮寶莊嚴殿_{하시니라}

그때에 세존께서 일체 보리수나무 아래와 수미산 산정을 떠나지 않으시고 저 야마천궁의 보배로 장엄한 궁전을 향하시었습니다.

세존은 언제나 자신이 깨달은 정각의 경계에 머문 채 법을 설하기 위하여 또는 보살들이 법을 설하는 것을 증명하기 위하여 시방세계 곳곳을 자유자재로 다니신다. 처음 정각을 이루신 보리도량 보리수나무를 떠나지 않고 보광명전

에 가서 제2회 6품의 경을 설하셨고, 다음으로 또 보리도량
보리수나무를 떠나지 않고 수미산에 올라 제3회 6품 경을
설하셨다. 다시 보리수나무와 보광명전과 수미산을 떠나지
않고 야마천에 올라 보배궁전을 향하시었다. 이는 여래는
언제나 깨달음을 떠나지 않고 일체 법을 펼친다는 뜻이다.

3. 각각 백만 가지로 궁전을 장엄하다

시 야마천왕 요견불래 즉이신력 어
時에 夜摩天王이 遙見佛來하고 卽以神力으로 於

기전내 화작보련화장사자지좌 백만층급
其殿內에 化作寶蓮華藏獅子之座호대 百萬層級

이위장엄 백만금망 이위교락 백만
으로 以爲莊嚴하고 百萬金網으로 以爲交絡하고 百萬

화장 백만만장 백만향장 백만보장 미
華帳과 百萬鬘帳과 百萬香帳과 百萬寶帳으로 彌

부기상
覆其上하고

그때에 야마천왕이 멀리서 부처님이 오시는 것을 보고 즉시 신통한 힘으로써 그 궁전 안에 보련화장寶蓮華藏 사자좌를 변화하여 만들었는데, 백만 층으로 장엄하고, 백만의 황금그물이 서로 얽히었고, 백만의 꽃 휘장, 백만의 꽃다발 휘장, 백만의 향 휘장, 백만의 보배 휘장이 그 위에 덮이었습니다.

　야마천왕이 멀리서 부처님이 오시는 것을 보고 부처님이 앉으실 사자좌를 만드는데 그 사자좌의 높이가 백만 층이었다. 이 지구상에서 가장 높은 구조물이 두바이에 있는 '부르즈 할리파'라는 건물인데 828미터에 163층이라 한다. 사자좌는 법상이니까 한 층을 대략 10미터라고 계산한다면 그 높이가 1천만 미터, 즉 1만 킬로미터가 된다. 또 백만이나 되는 황금그물과 백만 꽃 휘장, 백만 화만華鬘 휘장, 백만 향 휘장, 백만 보배 휘장이 그 위에 덮이었다. 상상해 보라. 놀라운 광경이 아닌가. 이것은 도대체 무슨 뜻인가? 반드시 그 까닭이 있을 것이다.

　　화 개 만 개　　향 개 보 개　　각 역 백 만　　주 회 포
　　華蓋鬘蓋와　香蓋寶蓋가　各亦百萬으로　周廻布

　열　　백 만 광 명　　이 위 조 요　　백 만 야 마 천 왕
　列하고　百萬光明이　而爲照耀하고　百萬夜摩天王이

　공 경 정 례　　백 만 범 왕　　용 약 환 희　　백 만 보
　恭敬頂禮하고　百萬梵王이　踊躍歡喜하고　百萬菩

꽃 일산日傘, 화만 일산, 향 일산, 보배 일산도 각각 백만이 두루 벌였는데, 백만 광명이 찬란하게 비치고, 백만 야마천왕은 공경하여 정례하고, 백만 범천왕梵天王은 환희하여 뛰놀고, 백만 보살들은 소리 높여 찬탄하였습니다.

비단 사자좌의 장엄만 백만으로 한 것이 아니라 광명도 백만이며, 야마천왕도 백만이며, 범천왕도 백만이며, 보살도 백만이었다. 어떻게 이해해야 좋을까. 제4회 설법은 십행十行 법문이 그 중심이다. 그렇다면 십행법문의 놀라운 내용과 위대한 설법을 짐작할 수 있을 것이다.

백 만 종 의 운　　주 잡 미 부　　　백 만 종 마 니 운　　광
百萬種衣雲이 **周帀彌覆**하고 **百萬種摩尼雲**이 **光**

명 조 요
明照耀하니

　백만 가지 하늘풍류가 각각 백만 가지 법의 음악을
연주하여 계속하여 끊이지 아니하며, 백만 가지 꽃구
름, 백만 가지 화만구름, 백만 가지 장엄거리구름, 백만
가지 옷구름이 두루두루 덮이었고, 백만 가지 마니구름
에서 광명이 찬란하였습니다.

　눈으로 보는 현상들만 백만으로 되어 있는 것이 아니라
귀로 듣는 음악도 백만이었다. 부처님이 오시는데 어찌 풍
악이 없겠는가. 백만 가지 악기를 백만 명의 연주자들이 연
주한다. 수백 명이 연주하는 오케스트라나 궁중음악의 만
배에 해당하는 규모라고 상상해 보자. 그와 같은 풍악에 맞
추어 공중에서는 온갖 아름다운 구름이 일어 주위를 뒤덮는
다. 그 구름도 또한 백만 꽃구름, 백만 화만구름, 백만 장엄
거리구름, 백만 옷구름이 두루두루 덮이었고, 또 백만 가지
마니구름에서 광명이 찬란하였다.

從百萬種善根所生이며 百萬諸佛之所護持며
百萬種福德之所增長이며 百萬種深心과 百萬種
誓願之所嚴淨이며 百萬種行之所生起며 百萬種
法之所建立이며 百萬種神通之所變現이라 恒出
百萬種言音하야 顯示諸法이러라

백만 가지 선근으로 생긴 것이며, 백만 부처님의 보호하심이며, 백만 가지 복덕으로 증장한 것이며, 백만 가지 깊은 마음과 백만 가지 서원誓願으로 깨끗이 장엄함이며, 백만 가지 행行으로 일어난 것이며, 백만 가지 법으로 건립한 것이며, 백만 가지 신통으로 변화하여 나타난 것이므로, 항상 백만 가지 음성을 내어 모든 법을 나타내 보였습니다.

위에서 말한 백만 층의 사자좌와 백만 가지의 장엄과 백만 가지의 풍악 등으로 이 법회가 이뤄진 것은 모두가 백만 가지의 선근으로 생긴 것이라는 점을 밝혔다. 그래서 백만 부처님의 보호를 받고, 백만의 복덕이 증장하며, 백만의 깊은 마음과 서원으로 청정하게 장엄되었다. 또 백만 가지의 수행으로 일어난 바다. 백만 가지 법으로 건립한 바다. 그러므로 백만 가지 신통을 변화하여 나타내고 백만 가지 말로 모든 법을 나타내 보인다. 이 얼마나 풍성하고 넉넉한가. 모든 존재의 진여생명은 본래로 이와 같건만 다만 그것을 알지 못하고 누리지 못할 뿐이다.

육조 혜능스님은 진여생명의 구족성을 깨닫고 스승 오조 홍인스님에게 말하였다. "내 자성은 본래 청정하거늘 무엇을 더 바라겠습니까? 내 자성은 본래부터 생멸이 없거늘 무엇을 더 바라겠습니까? 내 자성은 본래부터 모든 것을 갖추고 있거늘 무엇을 더 바라겠습니까? 내 자성은 본래 아무런 동요가 없거늘 무엇을 더 바라겠습니까? 내 자성은 능히 일체 만법을 만들어 내거늘 무엇을 더 바라겠습니까?"[1]

---

1) 육조단경 三鼓入室. 祖以袈裟遮圍. 不令人見. 爲說金剛經. 至應無所住而 生其心. 能言下大悟一切 萬法不離自性. 遂啓祖言. 何期自性本自淸淨. 何 期自性本不生滅 何期自性本自具足 何期自性本無動搖 何期自性能生萬 法. 祖知悟本性. 卽名丈夫天人師佛. 三更受法. 人盡不知.

4. 부처님을 청하여 궁전에 들게 하다

시 피천왕 부치좌이 향불세존 곡궁합
時에 彼天王이 敷置座已에 向佛世尊하야 曲躬合

장 공경존중 이백불언 선래세존
掌하며 恭敬尊重하고 而白佛言하사대 善來世尊이시여

선래선서 선래여래응정등각 유원애민
善來善逝시여 善來如來應正等覺이시여 唯願哀愍

처 차 궁전
하사 處此宮殿하소서

그때에 저 야마천왕이 사자좌를 차려 놓고는 부처님 세존을 향하여 허리를 굽히고 합장하며, 공경하고 존중하여 부처님께 여쭈었습니다. "잘 오셨습니다, 세존이시여. 잘 오셨습니다, 선서善逝시여. 잘 오셨습니다, 여래 응정등각應正等覺이시여. 오직 바라옵건대 저희를 애민하게 여기사 이 궁전에 계시옵소서."

　　야마천왕이 부처님을 영접하는 장면이다. 부처님을 맞아
들이면서 부르는 칭호를 세존, 선서, 여래, 응정등각應正等覺
이라 하였다. 응은 응공이며, 정등각은 바르고 완전하여 평
등한 깨달음을 성취하신 분이라는 뜻이다. 상대를 모처럼
만났을 때 그동안 그가 쌓은 공덕과 알려진 명성들을 모두
열거하여 찬탄하는 것이 바른 예의범절이다. 부처님의 공
덕과 위대성은 십호로써 표현하지만 생략하고 간략히 말
하였다.

5. 부처님이 궁전에 오르다

時_에 佛_이 受請_{하사} 卽昇寶殿_{하시니} 一切十方_도

悉亦如是_{하니라}

그때에 부처님이 청을 받으시고 보배궁전에 오르시
니 일체 시방에서도 모두 또한 이와 같았습니다.

지금 이 순간 부처님께서 야마천왕의 청을 받고 보배궁전
에 오르실 때 일체 시방 야마천의 보배궁전에서도 꼭 같은 현
상이 벌어졌다는 것이다. 한 인간의 마음에 일어난 환희심은
곧 3600조의 세포 인간에서도 꼭 같은 환희심이 일어난 것이
며, 한 인간이 예배하고 찬탄하는 것은 3600조의 세포 인간
세계에서도 다 함께 예배하고 찬탄하는 것이다. 하나가 곧 일
체요 일체가 곧 하나인, 화엄에서 줄기차게 밝히는 이치다.

6. 천왕이 게송으로 부처님을 찬탄하다

이시　천왕　즉자억념과거불소　소종선근
爾時에 **天王**이 **卽自憶念過去佛所**의 **所種善根**

승불신력　이설송언
하사 **承佛神力**하고 **而說頌言**하사대

그때에 천왕이 곧 스스로 지난 세상에 부처님이 계신 데서 선근善根 심은 것을 생각하고 부처님의 위신력을 받들어 게송으로 말하였습니다.

시방세계의 모든 야마천왕이 과거의 인연을 기억하고 부처님의 위신력을 받들어 게송을 설하는 내용이다. 청량스님은 "진경晉經, 즉 60화엄에서는 '음악 소리가 그치자[樂音止息]'라고 하였는데, 여기에서는 그 내용이 생략되었다. 그것은 번역하는 사람의 뜻이다."[2]라고 하였다. 천왕이 10절이나

---

2) 各念昔因. 然晉經亦有樂音止息. 今略無者, 譯人之意.

되는 노래로 궁전을 찬탄하고 부처님을 청하는데 당연히 그
동안 울리던 음악 소리는 그치고 노랫소리만 낭랑하게 들리
는 것이 노래의 가사를 마음에 새기기가 좋을 것이다.

명칭 여래 문 시 방
名稱如來聞十方하사　　제 길 상 중 최 무 상
諸吉祥中最無上이시니

피 증 입 차 마 니 전
彼曾入此摩尼殿이실새　　시 고 차 처 최 길 상
是故此處最吉祥이로다

명칭名稱 여래의 소문 시방에 퍼지니

모든 길상吉祥 중에 가장 높으며

그 부처님이 일찍이 이 마니궁전에 드셨으니

그러므로 이곳이 가장 길상합니다.

　야마천궁의 보장엄전은 예로부터 길상한 곳으로 널리 알
려져 있었다. 그래서 아주 유명하신 명칭名稱 여래께서 일찍
이 이 마니보석궁전을 다녀가셨다. 그러므로 이곳은 가장
길상하고 복된 곳이다.

보 왕 여 래 세 간 등
寶王如來世間燈이라   제 길 상 중 최 무 상
諸吉祥中最無上이시니

피 증 입 차 청 정 전
彼曾入此淸淨殿이실새   시 고 차 처 최 길 상
是故此處最吉祥이로다

보왕寶王 여래는 세간의 등불이시니

모든 길상 중에 가장 높으며

그 부처님도 일찍이 이 청정궁전에 드셨으니

그러므로 이곳이 가장 길상합니다.

세간의 등불이신 과거의 보왕寶王 여래께서는 여러 가지
길상 중에 가장 높으신 분이다. 부처님을 표현하는 말 중에
'세간의 등불[世間燈]'이라는 말처럼 좋은 말이 있을까. 우리도
얼른 세간의 등불이 되어야 할 텐데….

그 부처님도 일찍이 이곳을 다녀가셨다. 그러므로 이곳
은 길상하고 복된 곳이다. 비록 조그마한 구멍가게라 하더
라도 귀하고 높으신 분이 다녀가셨다면 그곳은 아주 유명
한 가게로 소문이 날 것이다. 하물며 야마천궁의 보장엄전
이야 말해 무엇하랴.

희 목 여 래 견 무 애
喜目如來見無礙_{하사}　제 길 상 중 최 무 상
諸吉祥中最無上_{이시니}

피 증 입 차 장 엄 전
彼曾入此莊嚴殿_{이실새}　시 고 차 처 최 길 상
是故此處最吉祥_{이로다}

희목喜目 여래는 보는 것이 걸림이 없어

모든 길상 중에 가장 높으며

그 부처님도 일찍이 이 보장엄전에 드셨으니

그러므로 이곳이 가장 길상합니다.

희목喜目 여래는 보는 것이 걸림이 없다고 하였다. 그래서 '기쁜 눈'이다. 미소를 지어서 기쁜 것이 아니라 어떤 것을 보아도 있음과 없음에 걸림이 없고, 청정하거나 더러움에 걸림이 없고, 가고 옴에 걸림이 없기 때문이다. 안목이 그와 같으므로 길상 중에 가장 높다.

연 등 여 래 조 세 간
燃燈如來照世間_{하사}　제 길 상 중 최 무 상
諸吉祥中最無上_{이시니}

피 중 입 차 수 승 전　　　　시 고 차 처 최 길 상
彼曾入此殊勝殿이실새　**是故此處最吉祥**이로다

연등燃燈 여래는 세상을 밝게 비추시니

모든 길상 중에 가장 높으며

그 부처님도 일찍이 이 수승한 궁전에 드시니

그러므로 이곳이 가장 길상합니다.

과거에 석가모니 부처님의 스승으로 연등燃燈 여래가 계셨다. 연등이라는 말은 '어리석고 미혹한 세상을 밝게 비춘다.'는 뜻이다. 어리석고 미혹한 세상을 밝게 비춘다면 참으로 길상 중에 길상이리라. 궁전도 수승한 궁전이라 하였다.

요 익 여 래 이 세 간　　　　제 길 상 중 최 무 상
饒益如來利世間하사　**諸吉祥中最無上**이시니

피 중 입 차 무 구 전　　　　시 고 차 처 최 길 상
彼曾入此無垢殿이실새　**是故此處最吉祥**이로다

요익饒益 여래는 세간에 이익을 베푸시니

모든 길상 중에 가장 높으며

그 부처님도 일찍이 이 때 없는 궁전에 드셨으니
그러므로 이곳이 가장 길상합니다.

요익饒益 여래는 그 이름과 같이 세간에 큰 이익을 베푸시
는 분으로 표현하였다. 그렇다. 불교는 세간에 이익을 베풀
려고 존재한다. 그러므로 항상 세간에 이익이 되는 일을 해
야 한다. 이익 중에서도 부처님과 같이 진리의 가르침으로
이익을 준다면 더욱 훌륭하리라.

선 각 여 래 무 유 사
善覺如來無有師하사

제 길 상 중 최 무 상
諸吉祥中最無上이시니

피 증 입 차 보 향 전
彼曾入此寶香殿이실새

시 고 차 처 최 길 상
是故此處最吉祥이로다

선각善覺 여래는 스승을 섬긴 일 없어
모든 길상 중에 가장 높으며
그 부처님도 일찍이 보향전寶香殿에 드셨으니
그러므로 이곳이 가장 길상합니다.

　선각 여래는 수행을 하는 데 일정한 스승 없이 스스로 정각을 이루신 분이다. 화엄경에서는 '무사지無師智'라고 하여 스승에게서 얻은 지혜 아니고 본래로 자신이 갖춘 지혜를 가장 훌륭한 지혜라고 한다. 스승 없이 스스로 정각을 이룬 일도 또한 길상하고 복된 일이라 길상 중에 가장 높다고 하였다. 궁전은 보배롭고 향기로운 궁전[寶香殿]이라고 하였다.

승 천 여 래 세 중 등
勝天如來世中燈이라
제 길 상 중 최 무 상
諸吉祥中最無上이시니

피 증 입 차 묘 향 전
彼曾入此妙香殿이실새
시 고 차 처 최 길 상
是故此處最吉祥이로다

승천勝天 여래는 온 세상의 등불이시라

모든 길상 중에 가장 높으며

그 부처님도 일찍이 묘향전妙香殿에 드셨으니

그러므로 이곳이 가장 길상합니다.

　승천 여래는 태양과 같이 온 세상을 밝게 비추는 진리의 등불이시다. 부처님 오신 날에 방방곡곡 사찰마다 등불을 밝히는 것도 부처님이 깨달으신 진리의 등불을 상징하는 것이다. 보배궁전을 여기에서는 아름다운 향기가 풍기는 묘향전이라고 하였다. 부처님을 여러 가지 이름으로 불러 그 덕을 찬탄하듯이 야마천궁의 보장엄전을 또한 여러 가지 이름으로 찬탄한다.

무 거 여 래 논 중 웅
無去如來論中雄이라

제 길 상 중 최 무 상
諸吉祥中最無上이시니

피 증 입 차 보 안 전
彼曾入此普眼殿이실새

시 고 차 처 최 길 상
是故此處最吉祥이로다

무거無去 여래는 논리論理 중의 영웅이시라
모든 길상 중에 가장 높으며
그 부처님도 일찍이 이 보안전普眼殿에 드셨으니
그러므로 이곳이 가장 길상합니다.

무거無去란 무거무래역무주無去無來亦無住의 약칭이다. 감도 없고 옴도 없고 또한 머무름도 없는 경지의 부처님이라는 뜻이다. 그렇다면 어떤 이론이 그를 당하겠는가. 그래서 논리

중의 영웅이시다. 궁전은 널리 본다는 뜻의 보안전이라고 찬
탄하였다.

무 승 여 래 구 중 덕　　　　　제 길 상 중 최 무 상
無勝如來具衆德하사　　　**諸吉祥中最無上**이시니

피 중 입 차 선 엄 전　　　　　시 고 차 처 최 길 상
彼曾入此善嚴殿이실새　　**是故此處最吉祥**이로다

무승無勝 여래는 여러 가지 덕을 구족하시니

모든 길상 중에 가장 높으며

그 부처님도 일찍이 이 선엄전善嚴殿에 드셨으니

그러므로 이곳이 가장 길상합니다.

　그 누구도 이길 수 없는 위대한 성인 무승無勝 여래다. 궁
전의 이름은 매우 아름답게 장엄이 잘 되었다는 뜻의 선엄전
善嚴殿이다.

고 행 여 래 이 세 간　　　　　제 길 상 중 최 무 상
苦行如來利世間하사　　　**諸吉祥中最無上**이시니

피 증 입 차 보 엄 전   시 고 차 처 최 길 상
彼曾入此普嚴殿이실새   是故此處最吉祥이로다

고행苦行 여래는 세상을 이롭게 하시니
모든 길상 중에 가장 높으며
그 부처님도 일찍이 이 보엄전普嚴殿에 드셨으니
그러므로 이곳이 가장 길상합니다.

끝으로는 고행苦行 여래다. 어느 부처님인들 고행을 하시지 않았겠는가. 숱한 난행과 고행을 통해서 능력을 쌓고 그 능력에 따라 세간을 이롭게 하는 책임과 의무를 수행한다. 그것이 부처님이나 보살들이 가는 길이다. 궁전은 널리 두루두루 장엄하였다는 보엄전普嚴殿이다.

이렇게 야마천왕은 부처님을 궁전에 맞아들이는 노래를 열 곡이나 불렀다. 2013년 틱낫한스님이 범어사에서 법회를 열었을 때 그를 따르는 30여 명의 법사단이 법문 전과 법문 후에 20여 분 동안 명상 음악으로 분위기를 돋우었다. 그것이 설법을 더욱 돋보이게 하였다.

7. 시방세계의 야마천왕들도
   함께 찬탄하다

여차세계중야마천왕　승불신력　　억념왕
如此世界中夜摩天王이 **承佛神力**하사 **憶念往**

석제불공덕　　칭양찬탄　　시방세계야마천
昔諸佛功德하고 **稱揚讚歎**하야 **十方世界夜摩天**

왕　실역여시　　탄불공덕
王도 **悉亦如是**하야 **歎佛功德**하시니라

이 세계 중의 야마천왕이 부처님의 위신력을 받들어 옛날의 모든 부처님의 공덕을 생각하고 찬탄하는 것처럼, 시방세계의 야마천왕들도 또한 모두 그와 같이 부처님의 공덕을 찬탄하였습니다.

하나를 들면 일체가 함께 들리는 '일거一擧에 일체거一切擧' 하는 이치다. 이 세계에서의 야마천왕이 부처님의 공덕을 생

각하고 게송으로 찬탄하는 것과 같이 시방의 모든 세계 야마천왕들도 똑같이 부처님의 공덕을 찬탄하였다. 한 사람이 부처님을 찬탄하면 3600조의 모든 세포가 다 같이 부처님을 찬탄하는 것과 같은 이치이다. 또한 하나의 나뭇잎이 흔들릴 때 온 우주가 함께 흔들리는 소식이다.

8. 세존이 궁전에 드시니
궁전이 넓어지다

이시　세존　입마니장엄전　　어보련화장
爾時에 **世尊**이 **入摩尼莊嚴殿**하사 **於寶蓮華藏**

사자좌상　결가부좌　　차전　홀연광박관용
獅子座上에 **結跏趺坐**하신대 **此殿**이 **忽然廣博寬容**

여기천중　제소주처　　시방세계　실역여
하야 **如其天衆**의 **諸所住處**하니 **十方世界**도 **悉亦如**

시
是하니라

그때에 세존께서 마니보배장엄전에 드시어 보련화장
寶蓮華藏 사자좌에 결가부좌하고 앉으시니, 그 전각이 홀
연히 넓어져서 하늘 대중들이 머무는 처소와 같았으며,
시방세계들도 모두 그와 같았습니다.

세존께서 마니보배장엄전에 드시어 사자좌에 앉으시니 그 궁전이 홀연히 넓어져서 하늘 대중들이 머무는 곳과 같이 되었다. 하늘이란 곧 야마천이다. 하늘 대중들은 모두 야마천에 머무는데 궁전이 곧 야마천이며 야마천이 곧 궁전이 된 것이다. 야마천과 궁전은 둘이 아니고 일체다. 그래서 하늘 대중들과 세존은 같은 시간 같은 장소에서 야마천궁의 법회를 펼치게 된다. 이와 같이 제4회 4품의 경을 설하는 서막이 열렸다.

승야마천궁품 끝

대방광불화엄경 강설

제19권

二十. 야마천궁게찬품

부처님이 야마천궁에 오르시어 사자좌에 좌정하시고 야마천왕이 게송으로 궁전을 찬탄하였다. 다시 시방세계에서 법회에 동참하기 위해 모여 온 무수한 보살들이 있었다. 그들의 대표 보살은 공덕림功德林보살과 혜림慧林보살과 승림勝林보살 등이었다. 이 대표 보살들이 각각 자신이 데리고 온 보살들을 대신하여 부처님을 찬탄한다. 한 보살이 열 곡의 게송으로 노래 부른다. 마치 큰스님이 법문을 하기 전에 법사단이나 합창단이 찬불가를 부르고 명상 음악을 연주하며 법을 청하는 청법가를 부르는 격이다. 승야마천궁품과 야마천궁게찬품 두 품은 십행법문十行法門을 설하기 위한 서론에 해당한다.

1. 대중들이 운집하다

1) 큰 보살들이 미진수 보살들과 함께 오다

이시　불신력고　시방각유일대보살　일일
爾時에 **佛神力故**로 **十方各有一大菩薩**이 **一一**

각여불찰미진수보살　구　종십만불찰미진
各與佛刹微塵數菩薩로 **俱**하사 **從十萬佛刹微塵**

수국토외제세계중　이래집회
數國土外諸世界中하야 **而來集會**하시니라

그때에 부처님의 신력으로 시방에 각각 한 큰 보살이 있는데, 낱낱 보살이 제각기 부처님 세계의 미진수처럼 많은 보살들과 함께 십만 부처님 세계의 미진수 극토 밖에 있는 세계로부터 와서 모였습니다.

동서남북과 사유상하에 각각 한 분씩 열 명의 큰 보살이

있었다. 그들은 각각 한 세계를 작은 먼지로 만들었을 때 그
먼지 숫자와 같이 많은 보살들을 거느리고 이 법회에 도착
하였다. 그 보살들의 수효가 무수 억조쯤이라고 하면 비유
가 될까.

그런데 이들은 멀고 먼 세계 밖에서 모여 왔다. 얼마나
먼 거리인가 하면 십만 불찰 미진수 국토 밖에 있는 여러 세
계에서 왔다. 십만 불찰 미진수 국토 밖이라 하면 십만 개의
지구를 작은 먼지로 만들었을 때 그 수효와 같이 많은 세계
밖이다. 요즘의 표현으로 백억 광년 거리 밖이라면 비유가 될
까. 화엄경의 법회는 이와 같이 광대무변하고 무량무수하다.

청량스님은 "십만이란 온 곳의 분량이다. 그러나 숫자를
나타내는 것은 수행계위를 따라 더하여진다. 십신은 십十,
십주는 백百, 십회향은 만萬인데, 이것은 합당히 천千이라고
해야 하나 십만이라고 하였다. 혹 번역하는 사람의 오역이
리라. 혹은 십백十百이라고 하였으니 전하여 쓰는 사람의 오
류이리라."[3] 라고 하였다.

---

3) 【從十萬】下, 來處分量. 然顯數隨位增, 信十, 住百, 迴向是萬. 此合當千, 而
　　云十萬. 或譯人之誤. 或是十百, 則傳寫之誤.

대방광불화엄경 강설

2) 보살들의 이름

기 명 왈 공 덕 림 보 살　　혜 림 보 살　　승 림 보 살
其 名 曰 功 德 林 菩 薩과 **慧 林 菩 薩**과 **勝 林 菩 薩**과

무 외 림 보 살　　참 괴 림 보 살　　정 진 림 보 살　　역 림
無 畏 林 菩 薩과 **慚 愧 林 菩 薩**과 **精 進 林 菩 薩**과 **力 林**

보 살　행 림 보 살　　각 림 보 살　　지 림 보 살
菩 薩과 **行 林 菩 薩**과 **覺 林 菩 薩**과 **智 林 菩 薩**이요

그들의 이름은 공덕림功德林보살과 혜림慧林보살과 승림勝林보살과 무외림無畏林보살과 참괴림慚愧林보살과 정진림精進林보살과 역림力林보살과 행림行林보살과 각림覺林보살과 지림智林보살이었습니다.

열 명의 대표 보살들의 이름이다. 통현通玄장자는 "이름이 모두 숲이라는 임林 자인 것은 넓고 많다는 뜻이며, 덮어서 그늘을 드리운다는 뜻이며, 장엄의 뜻이다. 몸통과 줄기와 큰 가지와 잔가지와 꽃과 잎과 열매가 서로 돕는다는 뜻이다."[4]라고 하였다.

---

4) 【林】者, 廣多義, 覆蔭義, 莊嚴義. 身幹枝條華葉果實相資義.

3) 떠나온 세계

차제보살 소종래국 소위친혜세계 당혜
此諸菩薩의 **所從來國**은 **所謂親慧世界**와 **幢慧**

세계 보혜세계 승혜세계 등혜세계 금강
世界와 **寶慧世界**와 **勝慧世界**와 **燈慧世界**와 **金剛**

혜세계 안락혜세계 일혜세계 정혜세계
慧世界와 **安樂慧世界**와 **日慧世界**와 **淨慧世界**와

범혜세계
梵慧世界니라

이 모든 보살들이 떠나온 세계는 친혜親慧세계와 당
혜幢慧세계와 보혜寶慧세계와 승혜勝慧세계와 등혜燈慧세계
와 금강혜金剛慧세계와 안락혜安樂慧세계와 일혜日慧세계와
정혜淨慧세계와 범혜梵慧세계였습니다.

보살들이 떠나온 세계의 이름이다. 모두 지혜를 뜻하는
혜慧 자로 되었다. 십행의 법을 펼치려면 혜慧가 그 근본이 되
어야 하기 때문이다.

4) 수행한 곳의 부처님들

차 제 보 살　　각 어 불 소　　　정 수 범 행　　　소 위 상
此諸菩薩이 **各於佛所**에 **淨修梵行**하시니 **所謂常**

주 안 불　　무 승 안 불　　무 주 안 불　　부 동 안 불　　천
住眼佛과 **無勝眼佛**과 **無住眼佛**과 **不動眼佛**과 **天**

안 불　　해 탈 안 불　　심 체 안 불　　명 상 안 불　　최 상
眼佛과 **解脫眼佛**과 **審諦眼佛**과 **明相眼佛**과 **最上**

안 불　　감 청 안 불
眼佛과 **紺靑眼佛**이라

이 모든 보살들이 각각 부처님 계신 데서 범행을 청정하게 닦았으니, 이른바 상주안불常住眼佛과 무승안불無勝眼佛과 무주안불無住眼佛과 부동안불不動眼佛과 천안불天眼佛과 해탈안불解脫眼佛과 심체안불審諦眼佛과 명상안불明相眼佛과 최상안불最上眼佛과 감청안불紺靑眼佛이었습니다.

화엄경에는 언제나 보살들이 중심이 되어 광대한 법회를 연다. 먼저 법회에 참석한 보살들의 이름을 열거하고, 다음에는 보살들이 온 세계를 밝혔고, 다음에는 보살들이 섬기고 수행한 부처님을 밝혔다. 하나하나 배속하면 공덕림보

살은 친혜세계에서 상주안부처님을 모시고 수행하였으며,
혜림보살은 당혜세계에서 무승안부처님을 보시고 수행하였
다. 이와 같이 열 명의 보살이 자신이 살던 세계와 모시던 부
처님을 하나하나 밝혔다.

5) 사자좌에 앉다

시 제 보 살　　　지 불 소 이　　　정 례 불 족　　　　수 소 래
是諸菩薩이　**至佛所已**에　**頂禮佛足**하고　**隨所來**

방　　　각 화 작 마 니 장 사 자 지 좌　　　　어 기 좌 상　　결
方하야　**各化作摩尼藏獅子之座**하사　**於其座上**에　**結**

가 부 좌
跏趺坐하시니라

　이 모든 보살이 부처님 계신 데 이르러 부처님 발에
정례하고, 떠나온 방위를 따라 제각기 마니장 사자좌
를 변화하여 만들고, 그 사자좌 위에 가부좌하고 앉았
습니다.

모든 보살들이 각각 자신이 온 방위를 따라 질서정연하게 사자좌를 만들어서 가부좌하고 앉은 모습을 그렸다. 올림픽이 열릴 때 각국의 선수들이 형형색색의 모습으로 음악과 함께 입장하는 광경을 상상해 보라. 아마도 그 규모의 10억 배는 넘는 대중들이리라. 한 방향 한 곳에서 차례대로 들어오는 것이 아니라 시방에서 동시에 그 많은 대중이 들어오는 모습을 그려 보라. 얼마나 놀라운 일인가.

6) 시방세계에서도 모두 한결같았다

여차세계중야마천상에 보살래집하야 일체세界도 悉亦如是하니 其諸菩薩世界如來의 所有名號가 悉等無別하니라

如此世界中夜摩天上에 菩薩來集하야 一切世界도 悉亦如是하니 其諸菩薩世界如來의 所有名號가 悉等無別하니라

이 세계의 야마천상에 보살들이 모인 것처럼, 일체

세계에서도 모두 또한 이와 같았으니, 그 보살들과 세계와 여래의 이름이 모두 같았습니다.

시방에서 각각 큰 보살들이 부처님 세계의 미진수처럼 많은 보살들과 함께 십만 세계의 미진수 국토 밖에 있는 세계로부터 모여 오는 이와 같은 일은 이 세계에서만 열리고 있는 광경이 아니라 일체 세계에서 다 같이 동시에 일어나고 있는 일이다. 하나가 곧 일체인 화엄의 눈으로 본 광경을 그렸다. 이러한 법회가 한정된 시간에만 이뤄지는 것이 아니다. 화엄경은 상설常說 변설偏說이기 때문에 모든 시간 모든 곳에서 동시에 설해지고 있다. 그렇다면 작은 우주나 큰 우주나 산하대지 산천초목 삼라만상에서 춘하추동 밤낮으로 화엄경을 설하고 있는 모습이다. 어디서나 언제든지 이 모습 이대로가 화엄경을 설하고 있는 모습이라는 뜻이다.

2. 세존이 두 발등으로 광명을 놓다

이시 세존 종양족상 방백천억묘색광
爾時에 **世尊**이 **從兩足上**하야 **放百千億妙色光**

명 보조시방일체세계야마궁중불급대중
明하사 **普照十方一切世界夜摩宮中佛及大衆**하사

미불개현
靡不皆現하시니라

그때에 세존께서 두 발등으로 백천억 미묘한 빛 광명을 놓아 시방으로 일체 세계 야마천궁의 부처님과 대중들을 널리 비추니, 모두가 나타나지 않는 것이 없었습니다.

십주十住법문을 설할 때는 머문다는 의미에서 발가락에서 광명을 놓았고, 십행十行법문을 설할 때는 걸어간다는 뜻으로 발등에서 광명을 놓았다. 백천억 미묘한 색깔 광명이라

고 하였으니 그 빛이 얼마나 찬란하고 눈부실까. 그 광명으로 시방의 일체 세계 야마천궁의 부처님과 대중들을 환하게 나타내었다. 세상에는 빛이 없으면 사물을 볼 수 없고, 진리의 세계에서는 지혜가 없으면 부처님도 보이지 않고 보살도 보이지 않고 중생들도 보이지 않는다. 하물며 마음의 이치와 연기의 이치와 공의 이치와 하나가 곧 일체인 이치가 눈에 보이겠는가. 그래서 불교에서 광명은 언제나 깨달음의 지혜를 뜻한다.

3. 보살들이 각각 부처님을 찬탄하다

1) 공덕림功德林보살의 찬탄

(1) 수승한 덕

이시　　공덕림보살　　승불위력　　　보관시방
爾時에 **功德林菩薩**이 **承佛威力**하사 **普觀十方**

이설송언
하고 **而說頌言**하사대

그때에 공덕림보살이 부처님의 위신력을 받들어 시
방을 두루 관찰하고 게송으로 말하였습니다.

불방대광명　　　　　　보조어시방
佛放大光明하사　　　**普照於十方**하시니

실견천인존　　　　　　통달무장애
悉見天人尊이　　　　**通達無障礙**로다

부처님 큰 광명 놓아
시방을 두루 비추시니
천상과 인간의 높은 어른 뵈옵기
환히 트이어 걸림 없도다.

처음 공덕림보살은 동방세계에서 온 보살이고, 마지막
보살은 상방세계에서 온 보살이다. 동방에서 시작하여 상
방에서 마친다. 언제나 보살들이 게송을 설할 때는 반드시
부처님의 위신력을 받들어서 설한다. 그 부처님이란 내 안
의 부처님이기도 하고 밖의 부처님이기도 하다. 안팎이 둘
이 아니면서 또한 둘이기도 하기 때문이다. 세상에서는 태
양빛이나 달빛이나 등불이 없다면 사물을 볼 수 없고, 출세
간에서는 지혜 광명이 없다면 부처님을 볼 수 없다. 천상과
인간의 높은 어른을 볼 수 있는 안목이 없다면 부처님의 배
속에 있다 한들 어찌 부처님을 볼 수 있겠는가. 공덕림보살
은 이와 같이 부처님의 공덕을 열 곡으로 노래 불러 찬탄한
다.

불 좌 야 마 궁
佛坐夜摩宮하사

보 변 시 방 계
普徧十方界하시니

차 사 심 기 특
此事甚奇特하야

세 간 소 희 유
世間所希有로다

부처님 야마천궁에 앉아서

시방세계에 두루 하시니

이런 일은 매우 기특하여

세간에서 희유하도다.

부처님이 놓으신 그 광명의 힘으로 부처님이 야마천궁전
에 앉아 있으면서 시방세계에 두루 한 사실을 다 본다. 참으
로 신기하고 희유한 이치이다. 제3의 눈을 떠야 이러한 이치
를 알 것이다.

수 야 마 천 왕
須夜摩天王이

게 찬 십 여 래
偈讚十如來하니

여 차 회 소 견
如此會所見하야

일 체 처 함 이
一切處咸爾로다

수야마천왕이

열 부처님을 게송으로 찬탄하니

이 모임에서 보는 것처럼

일체 처에서도 모두 그러하도다.

세존께서 보리수나무 밑을 떠나지 않으신 채 수미산을

거쳐 야마천 보배궁전에 오셨을 때 야마천왕이 자신의 보배

궁전에 과거 열 부처님이 다녀가셨다는 게송 찬탄을 공덕림

보살이 게송으로 재차 말씀한 것이다.

피 제 보 살 중
彼諸菩薩衆이
개 동 아 등 명
皆同我等名하야

시 방 일 체 처
十方一切處에
연 설 무 상 법
演說無上法이로다

저 모든 보살 대중들

모두 우리 이름과 같으며

시방 일체 처에서

가장 높은 법을 연설하도다.

저 모든 보살 대중들이 모두 우리들의 이름과 같다고 하였다. 그것은 무슨 뜻일까. 이곳뿐만 아니라 시방 일체 세계의 야마천궁에 모여 온 모든 보살과 이곳 우리들이 뵙는 보살들의 이름이 같다는 뜻이다. 달리 해석하면 우리들의 이름이 곧 보살들의 이름이며 보살들의 이름이 곧 우리들의 이름이므로, 우리들이 그대로 보살이며 보살이 그대로 우리들이다. 우리를 두고 달리 무슨 보살이 있겠는가. 이와 같은 이치가 또한 가장 높은 법이다.

소 종 제 세 계
所從諸世界의

명 호 역 무 별
名號亦無別하니

각 어 기 불 소
各於其佛所에

정 수 어 범 행
淨修於梵行이로다

떠나온 모든 세계들

그 이름도 또한 다르지 않고

제각기 그 부처님 계신 데서

범행梵行을 청정하게 닦았도다.

앞에서 보살들의 이름이 우리들의 이름과 같다고 했다. 여기서는 세계의 이름들 또한 다르지 않다고 하였다. 그야 말로 모든 존재가 동명동호同名同號다. 그 모든 세계에서 청 정한 범행을 닦았다.

피 제 여 래 등
彼諸如來等의

명 호 실 역 동
名號悉亦同이라

국 토 개 풍 락
國土皆豊樂이요

신 력 실 자 재
神力悉自在로다

저 모든 부처님들의
명호도 모두 다 같고
국토가 다 풍요롭고 즐거워
신력이 모두 자재하도다.

여기서는 모든 여래의 명호가 또한 다르지 않다고 하였 다. 그렇다면 보살의 이름과 세계의 이름과 부처님의 명호가 모두 다르지 않다는 뜻이다. 이 세계에서처럼 시방 일체 세 계 야마천궁에서도 여기와 같이 보살들이 모여 오고, 그들이

떠나온 세계가 있고 모시던 부처님이 있었다. 그 이름들이
모두 이곳과 같다는 것이다. 우리가 사는 이 우주에 무비無比
라는 이름이 있는데 또 다른 우주에도 무비가 있고, 또 다른
미진수같이 많고 많은 우주에도 역시 무비라는 이름이 있다.
중국 항주의 영암사라는 절의 오백나한전에서 무비라는 아
라한이 있는 것을 보았다.

시 방 일 체 처　　　　　　　　개 위 불 재 차
十方一切處에　　　　　　　**皆謂佛在此**라하나

혹 견 재 인 간　　　　　　　　혹 견 주 천 궁
或見在人間하며　　　　　　**或見住天宮**이로다

시방 일체 모든 곳마다

모두들 부처님이 여기 계신다지만

혹은 인간에 계시고

혹은 천궁에 계심을 보도다.

여래현상품의 "부처님의 몸은 온 법계에 충만해 계시면서
일체 중생들 앞에 널리 나타나셨네. 인연을 따라 감응하여

두루 하지 않는 곳이 없으나 그러나 항상 이 보리수나무 밑
의 금강보좌에 계시도다."[5] 라는 게송처럼 부처님은 온 우주
법계에 다 계시지만 인간들은 인간세상에 계신다 하고 천상
에서는 천상에 계신다 한다.

여 래 보 안 주
如來普安住　　　일 체 제 국 토
一切諸國土어시든

아 등 금 견 불
我等今見佛이　　　처 차 천 궁 전
處此天宮殿이로다

여래는 일체 모든 국토에
두루 편안히 계시지만
우리는 부처님이 지금
이 야마천궁에 계심을 보도다.

여래는 일체 모든 국토에 편안히 계시지만 우리들은 이곳
야마천궁전에 계시는 것을 본다. 그뿐만 아니라 방방곡곡
절마다, 집집마다, 사람 사람의 가슴마다, 마음마다 다 그

---

5) 佛身充滿於法界 普現一切衆生前 隨緣赴感靡不周 而恒處此菩提座.

렇게 계시지만 인연을 따라 안목을 따라 다 달리 본다.

(2) 덕이 이뤄진 인연

석 발 보 리 원　　　　　　　보 급 시 방 계
昔發菩提願하사　　　　　**普及十方界**실새

시 고 불 위 력　　　　　　　충 변 난 사 의
是故佛威力이　　　　　　**充徧難思議**로다

옛적 보리심을 발할 때의 서원이

시방세계에 두루 하였을 새

그리하여 부처님의 위신력이

가득차서 헤아릴 수 없도다.

부처님의 위신력이 이와 같이 2600여 년이 지나는 동안 더욱 빛을 발하고 무수한 사람들을 감동시키는 것은 옛적 처음 보리심을 발할 때 세운 서원이 온 법계에 가득했기 때문이다. 근고지영根固枝榮이라 하였다. 뿌리가 견고하면 가지가 무성하다. 식물이 그렇고, 사업이 그렇고, 공부도 수행도 그와 같은 이치에서 벗어나지 않는다.

원 리 세 소 탐
遠離世所貪하사

구 족 무 변 덕
具足無邊德이실새

고 획 신 통 력
故獲神通力하시니

중 생 미 불 견
衆生靡不見이로다

세상의 탐욕 멀리 떠나고

그지없는 공덕을 구족하시니

신통한 힘 얻으신 일

중생들 못 보는 이 없도다.

불법을 깨닫겠다고 하여 출가 수행하면서 한편으로 세
속적 탐욕을 버리지 못한다면 수행의 공덕이 쌓이겠는가. 진
정으로 속된 탐욕을 멀리 떠나 수행에 몰두한다면 저절로
무량한 공덕을 구족할 것이다. 또한 신통한 힘을 얻을 것이
며 일체 중생들이 다 알아 주리라.

유 행 시 방 계
遊行十方界하사대

여 공 무 소 애
如空無所礙하시니

일 신 무 량 신
一身無量身이여

기 상 불 가 득
其相不可得이로다

시방세계에 다니시기
허공처럼 장애 없으니
한 몸인가 한량없는 몸인가
그 모양 찾을 길 없도다.

부처님이 시방세계를 다니면서 일체 중생을 교화하는 데
마치 허공처럼 아무런 장애가 없다. 불법을 수행하는 사람
도 또한 이와 같아서 인연이 있거나 인연이 없거나 중생이 있
는 곳이라면 어디든지 나타나야 한다. 중생을 위한 교화의
현신이 한 몸인가, 한량없는 몸인가? 한 몸이 한량없는 몸이
며, 한량없는 몸이 한 몸이다.

불 공 덕 무 변   운 하 가 측 지
佛功德無邊하시니   **云何可測知**아

무 주 역 무 거   보 입 어 법 계
無住亦無去하사대   **普入於法界**로다

그지없는 부처님 공덕
어떻게 헤아릴 수 있으랴

머물지 않고 가지도 않지만
온 법계에 두루 드시네.

부처님의 공덕 한량이 없어서 측량할 수 없다. 부처님의
몸은 가는 것도 없으며, 오는 것도 없으며, 머무는 것도 또
한 없다. 그래서 온 법계에 두루 하다. 오늘날의 사람들도
사회적 능력이 많고 따라서 활동이 많은 이들은 수십 개의
직책을 가지고 수십 곳에 그 몸을 나타낸다.

2) 혜림慧林보살의 찬탄

(1) 부처님을 만나기 어렵다

이 시　　혜 림 보 살　　승 불 위 력　　　보 관 시 방
爾時에 **慧林菩薩**이 **承佛威力**하사 **普觀十方**하고

이 설 송 언
而說頌言하사대

그때에 혜림보살이 부처님의 위신력을 받들어 시방
을 두루 관찰하고 게송으로 말하였습니다.

세 간 대 도 사
世間大導師

이 구 무 상 존
離垢無上尊이여

불 가 사 의 겁
不可思議劫에

난 가 득 치 우
難可得値遇로다

세간에서 가장 위대하신 도사導師시며

때 없고 가장 높으신 어른

불가사의한 겁을 지나도

만나 뵙기 어려워라.

두 번째 혜림보살이 부처님의 공덕을 또 열 곡으로 찬탄
한다. 세상에서 가장 위대하신 인생의 안내자, 온갖 번뇌 다
떠나 가장 높은 어른이시다. 이와 같은 세존을 언제 만나랴.
백천만겁 지나도록 만나 뵙기 어렵도다. 그러나 이제 화엄경
을 통해서 진정한 부처님을 뵙게 되었으니 부디 참다운 정법
의 가르침을 깨달아지이다.

불 방 대 광 명
佛放大光明하시니

세 간 미 불 견
世間靡不見이라

위 중 광 개 연
爲衆廣開演하사

요 익 제 군 생
饒益諸群生이로다

부처님이 큰 광명 놓으시니

세간에서 못 보는 이 없고

대중에게 널리 연설하시어

모든 중생을 이익케 하도다.

부처님의 큰 광명이란 우리가 공부하는 대방광불화엄경이다. 대방광불화엄경은 우주 삼라만상과 천지만물이다. 이것이 곧 큰 광명이며, 큰 광명이라는 사실을 경전을 통해서 깨닫게 한다. 이와 같은 사실보다 더 큰 이익은 없으리라.

여 래 출 세 간
如來出世間하사

위 세 제 치 명
爲世除癡冥하시니

여 시 세 간 등
如是世間燈이여

희 유 난 가 견
希有難可見이로다

여래께서 세상에 출현하심은

세상을 위하여 어리석음을 제거하시니

이와 같은 세상의 등불은
희유希有하여 보기 어렵도다.

여래는 세상의 어둠을 밝히는 등불이시다. 세상 사람들
의 어리석음의 어둠을 제거하는 진리의 가르침으로 사람 사
람의 마음을 환하게 밝게 하신다. 그래서 부처님 오신 날에
등불을 밝혀 그 의미를 되새기는 것이다.

<table>
<tr><td>이 수 시 계 인
已修施戒忍과</td><td>정 진 급 선 정
精進及禪定과</td></tr>
<tr><td>반 야 바 라 밀
般若波羅蜜하사</td><td>이 차 조 세 간
以此照世間이로다</td></tr>
</table>

보시布施 지계持戒 인욕忍辱과

정진精進과 그리고 선정禪定과

반야般若바라밀을 이미 다 닦아

이것으로 세간을 비추는도다.

부처님의 덕을 찬탄하는 데 가장 기본이며 대승보살의 최

상의 덕목을 밝혔다. 실로 이 육바라밀만 잘 실천하면 어두운 세상을 환하게 비추는 밝은 등불이 된다. 세상은 이처럼 불타고 있는데 호흡이나 헤아리며 앉아 있을 시간이 있는가? 어린 생명이 저렇게 고해에 빠져 있거늘 통곡하지 아니하고 무얼 하는가? 그것이 과연 여래의 진실한 뜻인가?

여래무여등
如來無與等하시니

구비불가득
求比不可得이라

불요법진실
不了法眞實이면

무유능득견
無有能得見이로다

여래는 더불어 같을 이 없고

비교할 이를 구해도 얻을 수 없나니

진실한 법을 알지 못하고는

아무도 보지 못하느니라.

부처님을 여래니 세존이니 도사니 지혜의 등불이니 하면서 온갖 찬탄을 하지만 실로 부처님이 우리들에게 마음 깊이 들려주고자 하는 진실한 법을 알지 못하면 그 누구도 부처님의 진면목을 보지 못하리라.

불 신 급 신 통
佛身及神通이

자 재 난 사 의
自在難思議라

무 거 역 무 래
無去亦無來하사대

설 법 도 중 생
說法度衆生이로다

부처님의 몸과 신통이

자재하심을 헤아릴 수 없어

가는 일 없고 또한 오는 일 없지만

법을 설하여 중생을 제도하도다.

부처님은 몸을 천백억화신으로 천변만화하며 신통을 시방세계에 마음대로 나타내어 헤아릴 수 없지만, 어디로 가는 일도 없고 어디서 오는 일도 없으면서 중생을 제도하기 위해 법을 설하신다.

약 유 득 견 문
若有得見聞

청 정 천 인 사
淸淨天人師면

영 출 제 악 취
永出諸惡趣하야   사 리 일 체 고
捨離一切苦로다

청정한 인천人天의 스승을

만약 누가 보고 들으면

모든 악취惡趣에서 영원히 벗어나

일체 고통을 여의게 되리.

천신이나 인간들에게나 뛰어난 스승. 부처님을 만약 어떤 이가 한 번 보거나 한 번 듣기만 해도 지옥이나 아귀나 축생과 같은 온갖 나쁜 갈래에서 영원히 벗어난다. 어떻게 하는 것이 부처님을 보고 듣는 일인가. "나를 보는 자는 법을 보고 법을 보는 자는 나를 본다."라고 하였다. 부처님이란 곧 법이며 진리다. 법을 보고 진리를 본 사람이 어찌 악도에 떨어지겠는가.

(2) 수승함을 헤아려서 나타내다

무 량 무 수 겁   수 습 보 리 행
無量無數劫에   **修習菩提行**이라도

불능지차의
不能知此義면

불가득성불
不可得成佛이로다

한량없고 수없는 겁 동안
보리의 행을 닦았더라도
능히 이 이치를 알지 못하면
부처를 이룰 수 없으리라.

무량무수겁에 보리행을 닦더라도 이 이치를 알지 못하면
부처를 이룰 수 없다는 이 이치란 무엇일까? 여래를 보거나
들으면 악취를 영원히 벗어난다는 것이다. 어떻게 하는 것이
여래를 보고 듣는 일인가?

불가사의겁
不可思議劫에

공양무량불
供養無量佛이라도

약능지차의
若能知此義면

공덕초어피
功德超於彼로다

헤아릴 수 없는 겁 동안
한량없는 부처님께 공양했어도

만약 이런 뜻을 알게 된다면
공덕이 저보다 뛰어나리라.

불가사의 겁 동안 부처님을 공양하더라도 이 이치를 알
면 그 공양의 공덕을 뛰어넘는다. 이 이치란 무엇일까? "나
를 보는 자는 법을 보고 법을 보는 자는 나를 본다."는 이치
이다. 법을 깨닫지 못하면 설사 눈으로 부처님을 보더라도
마치 얼굴을 담벼락에 갖다 댄 것과 같다.

무 량 찰 진 보
無量刹珍寶를　　　　만 중 시 어 불
滿中施於佛이라도

불 능 지 차 의
不能知此義면　　　　종 불 성 보 리
終不成菩提로다

한량없는 세계에 가득한 보배로
부처님께 공양했을지라도
이러한 이치를 알지 못하면
끝까지 보리를 이룰 수 없네.

진정으로 여래를 친견한다는 것은 법을 깨닫는다는 뜻이다. 한량없는 세계에 보배를 가득 채워 부처님께 공양한다 하더라도 불법의 진정한 이치를 깨닫지 못하면 무슨 공덕이 되겠는가. 불공을 좋아하고 기도를 좋아하는 우리 불자들은 어떤 것이 진정한 불공이며 기도인가를 생각해 볼 일이다.

3) 승림勝林보살의 찬탄

(1) 부처님의 덕은 넓다

이시　　　 승림보살　 승불위력　　　 보관시방
爾時에 **勝林菩薩**이 **承佛威力**하사 **普觀十方**하고

이설송언
而說頌言하사대

그때에 승림보살이 부처님의 위신력을 받들어 시방을 두루 관찰하고 게송으로 말하였습니다.

비여맹하월　　　　　　　 공정무운에
譬如孟夏月에　　　　　　 **空淨無雲曀**하면

혁 일 양 광 휘
赫日揚光輝하야

시 방 미 불 충
十方靡不充이로다

비유컨대 첫 여름날

구름 없는 깨끗한 하늘

밝은 태양 광명이 찬란해

시방에 가득 충만하도다.

기 광 무 한 량
其光無限量하니

무 유 능 측 지
無有能測知라

유 목 사 상 연
有目斯尙然이어든

하 황 맹 명 자
何況盲冥者아

그 빛이 한량이 없어

헤아려 알 수 없나니

눈뜬 사람도 오히려 그렇거든

하물며 소경들이랴.

제 불 역 여 시
諸佛亦如是하사

공 덕 무 변 제
功德無邊際하시니

불 가 사 의 겁
不可思議劫에

막 능 분 별 지
莫能分別知로다

모든 부처님도 그와 같아서
끝 간 데 없는 크나큰 공덕
불가사의한 겁을 지나면서도
분별하여 알 수 없도다.

　모든 부처님의 끝 간 데 없는 크나큰 공덕을 태양의 밝은 광명과 비교하였다. 태양 광명이 아무리 밝게 빛난다 하더라도 그늘이 있고, 또 해가 서산으로 넘어가면 밤이 되어 캄캄해진다. 그러나 부처님의 한량없는 법의 공덕은 그늘도 없고 태양처럼 서산으로 넘어가는 일도 없으니 어찌 비교가 되겠는가.

(2) 법이 깊고 깊음을 나타내다

제 법 무 래 처
諸法無來處며

역 무 능 작 자
亦無能作者며

무 유 소 종 생
無有所從生일새

불 가 득 분 별
不可得分別이로다

모든 법은 온 곳이 없고
또한 누가 지은 이도 없으며
어디로부터 난 데도 없나니
어떻다고 분별할 수 없네.

모든 법은 본래로 온 곳이 없으며 만든 사람도 없다. 또
한 어디서 생긴 것도 아니다. 무어라 설명할 수 없으며 분별
하여 알 수도 없다.

일 체 법 무 래
一切法無來일새

이 생 무 유 고
以生無有故로

시 고 무 유 생
是故無有生이니

멸 역 불 가 득
滅亦不可得이로다

일체 법이 온 데가 없으니
그러므로 난 것이 아니오
이미 난 것이 아닌지라
멸한다고도 할 수 없네.

법이란 본래로 존재하는 이치일 뿐이다. 형상이 있는 실체가 아니기에 온 데가 없다. 온 데가 없다는 것은 생긴 것이 아니라는 뜻이다. 생긴 것이 아니라면 소멸도 있을 수 없다.

일 체 법 무 생　　　　　역 부 무 유 멸
一切法無生이며　　　**亦復無有滅**이니

약 능 여 시 해　　　　　사 인 견 여 래
若能如是解하면　　　**斯人見如來**로다

일체 법이 난 일이 없고
또한 멸함도 없나니
만약 이와 같이 이해한다면
이 사람은 여래를 보게 되리라.

화엄경의 명구 중 하나다. 불생불멸의 이치가 불교다. 반야심경에서도 "불생불멸"이라 하였고, 법화경에서도 "이 법이 법의 자리에 머물러 세간의 모양이 항상 머문다."[6]라고 불생불멸을 이야기하였다. 모든 존재의 불생불멸의 이치를

---

6) 是法住法位 世間相常住.

깨달으면 곧 여래를 본다.

제 법 무 생 고
諸法無生故로

자 성 무 소 유
自性無所有니

여 시 분 별 지
如是分別知하면

차 인 달 심 의
此人達深義로다

모든 법이 난 일이 없으므로
자성도 있는 것이 아니니
이와 같이 분별하여 알면
이 사람 깊은 이치 통달하리라.

모든 법은 생긴 것이 아니므로 고정불변하는 자성도 있을
수 없다. 이와 같은 이치를 아는 사람은 곧 여래를 볼 수 있을
것이며, 또한 깊은 이치를 통달한 사람이라고 할 수 있다.

이 법 무 성 고
以法無性故로

무 유 능 요 지
無有能了知니

여 시 해 어 법
如是解於法하면

구 경 무 소 해
究竟無所解로다

법이 자성이 없으므로

능히 알 수가 없는 것이니

이와 같이 법을 이해하면

철저히 아는 바가 없으리라.

모든 것은 실체라고 할 것이 있어야 그것을 알 수가 있다. 실체가 없으면 안다는 것이 없다. 법을 이와 같이 이해한다면 철저히 아는 바가 없다.

소 설 유 생 자
所說有生者는

이 현 제 국 토
以現諸國土니

능 지 국 토 성
能知國土性하면

기 심 불 미 혹
其心不迷惑이로다

말한 바의 생긴 것이 있다는 것은

나타난 모든 국토로써 하는 것이니

국토의 성품을 능히 알면

二十. 야마천궁게찬품 夜摩天宮偈讚品

그 마음 미혹하지 않으리라.

크게 보면 사람도 국토 위에 존재하며 일체 사물이 모두 국토 위에 존재한다. 그래서 생긴 것이 있다고 하는 것은 눈앞에 펼쳐진 일체 국토를 보고 하는 소리다. 그런데 국토의 진실한 성품을 알면 그 국토라는 사실에 결코 미혹하지 않을 것이다.

세 간 국 토 성
世間國土性이

관 찰 실 여 실
觀察悉如實하니

약 능 어 차 지
若能於此知하면

선 설 일 체 의
善說一切義로다

세간과 국토의 성품을
관찰하면 실상과 같나니
만일 여기에서 알면
일체 이치를 잘 말하리라.

세간과 국토의 성품이 실상과 같다는 것은 현상이 곧 공한

것이고 공한 것이 곧 현상이라는 뜻이다. 만약 이와 같은 사
실을 잘 알면 일체의 이치를 능히 잘 설명할 수 있으리라.

4) 무외림無畏林보살의 찬탄

(1) 믿을 바의 경계를 말하다

이 시　　무 외 림 보 살　　승 불 위 력　　　보 관 시 방
爾時에 無畏林菩薩이 承佛威力하사 普觀十方

이 설 송 언
하고 而說頌言하사대

그때에 무외림보살이 부처님의 위신력을 받들어 시
방을 두루 관찰하고 게송으로 말하였습니다.

여 래 광 대 신　　　　　　구 경 어 법 계
如來廣大身이　　　　　　究竟於法界실새

불 리 어 차 좌　　　　　　이 변 일 체 처
不離於此座하고　　　　　　而徧一切處로다

여래의 넓고 크신 몸
끝없는 법계에 가득하건만
이 자리에서 떠나지 않고
모든 곳에 두루 하도다.

여래의 몸은 따로 존재하는 것이 아니다. 법계로 몸을 삼는다. 법계가 곧 여래요 여래가 곧 법계다. 그러나 깨달음의 장소인 보리좌를 떠나지 않고 모든 곳에 두루 하다. 여래를 이와 같이 아는 것은 바른 관찰이요, 이와 다르게 관찰하는 것은 삿된 관찰이다.

(2) 들어서 믿는 이익을 말하다

약 문 여 시 법
若聞如是法하고

공 경 신 락 자
恭敬信樂者는

영 리 삼 악 도
永離三惡道의

일 체 제 고 난
一切諸苦難이로다

만일 이와 같은 법을 듣고
공경하여 믿고 좋아하는 이는

삼악도三惡道의

일체 고통을 영원히 떠나리라.

만약 어떤 사람이 진리의 가르침인 이 화엄경을 듣고 공경하여 믿고 좋아한다면 그 사람은 결정코 삼악도의 온갖 고통을 영원히 벗어나리라. 삼악도의 고통은 바른 이치와 진리의 즐거움을 모르기 때문에 받게 된다.

설 왕 제 세 계
設往諸世界의

무 량 불 가 수
無量不可數라도

전 심 욕 청 문
專心欲聽聞

여 래 자 재 력
如來自在力하나니

설사 한량없고 셀 수도 없는
모든 세계에 두루 다니더라도
오로지 여래의 자재하신 힘만을
듣고 또 들으려 하라.

사람은 살아 있는 동물이기 때문에 건강이 허락하는 한

어디든지 돌아다니려 한다. 국내뿐만 아니라 세계의 방방곡
곡을 다니면서 온갖 견문을 넓힌다. 그러나 그것이 무슨 소
득이 있겠는가. 오로지 여래의 자재하신 힘만을 들으려 하
라. 그것이 가장 유익한 일이다. 예컨대 여래의 열 가지 힘[十
力]이라든가 그 외 네 가지 한량없는 마음[四無量心]이나 네 가
지 섭수하는 법[四攝法] 등을 듣고 행하려 하라.

여 시 제 불 법
如是諸佛法이 　　　　**是無上菩提**일새

시 무 상 보 리

가 사 욕 잠 문
假使欲暫聞이라도 　　　　**無有能得者**로다

무 유 능 득 자

이와 같은 모든 부처님 법은
참으로 가장 높은 보리니
설사 잠깐만 듣고자 하여도
능히 얻어 들을 이 없느니라.

모든 부처님의 법이란 지혜와 자비가 충만한 보리법이
다. 가령 어떤 사람이 부처님의 법을 잠깐 동안만 듣고자 하

거나 한마디 말만 듣고자 해도 얻어 들을 수 없다. 그래서 열반경에서 설산雪山동자는 반게송半偈頌[7]을 얻어 들으려고 목숨을 던졌다지 않은가.

약 유 어 과 거
若有於過去에

신 여 시 불 법
信如是佛法이면

이 성 양 족 존
已成兩足尊하야

이 작 세 간 등
而作世間燈이로다

만약 어떤 이가 지난 세상에

이와 같은 부처님 법을 믿었다면

이미 양족존兩足尊을 이루어

세간의 등불이 되었느니라.

부처님의 법은 가장 높은 보리법이다. 이와 같은 깨달음의 법을 지난 세상에서 진실로 믿었다면 지혜와 복덕, 이 두 가지 만족한 부처를 이루어 세상의 등불이 되어 중생들의 어리석은 미혹의 어둠을 다 소멸하리라.

---

7) 열반경 사구게 : 諸行無常 是生滅法 生滅滅已 寂滅爲樂.

약유당득문
若有當得聞

여래자재력
如來自在力하고

문이능생신
聞已能生信이면

피역당성불
彼亦當成佛이로다

만일 어떤 이가 오는 세상에

여래의 자재한 힘을 듣고

듣고 나서 능히 신심을 내었다면

그도 또한 마땅히 부처를 이루리라.

과거세에나 미래세에나 언제든지 여래의 법과 자재한 능
력을 듣고 믿는 마음을 내었다면 그도 또한 마땅히 성불하
리라.

약유어현재
若有於現在에

능신차불법
能信此佛法이면

역당성정각
亦當成正覺하야

설법무소외
說法無所畏로다

만일 지금 세상에서도

능히 이 부처님 법을 믿으면
또한 마땅히 정각을 이루고
법을 설하기에 두려움이 없으리라.

만약 현재에라도 불법을 믿는다면 또한 마땅히 정각을 이루어 법을 설함에 두려움이 없으리라. 부처님의 법에 무슨 과거와 현재와 미래가 있겠는가. 언제라도 믿기만 하면 마땅히 성불할 것은 의심이 없다.

<table>
<tr><td>무 량 무 수 겁
無量無數劫에</td><td>차 법 심 난 치
此法甚難值니</td></tr>
<tr><td>약 유 득 문 자
若有得聞者는</td><td>당 지 본 원 력
當知本願力이로다</td></tr>
</table>

한량없고 수없는 겁 동안에

이 법은 만나기 매우 어려운 것이니

만일 들은 이 있다면

마땅히 본래의 원력인 줄 알지니라.

실로 부처님의 정법을 만나기란 어려운 일이다. 불교라는 범위 안에서 사는 사람이라 하더라도 정법과는 거리가 먼 사람이 한둘이 아니다. 그래서 부처님의 정법을 만나기란 심히 어렵다. 만약 정법을 듣고 믿음을 낸다면 분명히 과거 세상에서 세운 본래의 서원일 것이다. 무상심심미묘법을 백천만 겁에도 만나기 어렵다고 하지 않던가.

약 유 능 수 지
若有能受持

여 시 제 불 법
如是諸佛法하고

지 이 광 선 설
持已廣宣說이면

차 인 당 성 불
此人當成佛이어든

만약 이와 같은 부처님의 법을

능히 받아 지니고

받아 지닌 뒤에 널리 설하면

이 사람은 마땅히 부처를 이루리라.

불법을 잘 배워서 깊이 이해하고 그것을 잘 받아 지녀 또 다른 사람을 위하여 널리 연설한다면 그것만으로 마땅히 성

불할 것이다. 부처님도 스스로 깨닫고 나서 깨달은 진리의 내용을 전파하려고 얼마나 많은 노력을 했던가.

전법게傳法偈에도

"가령 부처님을 머리에 이고 수만년을 지내거나
이 몸이 드넓은 평상이 되어 부처님을 모시더라도
만약 법을 전하여 사람들을 제도하지 아니하면
끝내 부처님의 은혜를 갚을 수 없으리라."[8]

라고 하여 전법에 큰 의미를 두었다.

만약 전법을 하지 못한다면 부처님의 법이 그것으로 단절되기 때문이다.

황 부 근 정 진
況復勤精進하야

견 고 심 불 사
堅固心不捨아

당 지 여 시 인
當知如是人은

결 정 성 보 리
決定成菩提로다

하물며 다시 부지런히 정진하여
견고한 마음 버리지 않으면

---

8) 假使頂戴經塵劫 身爲床座徧三千 若不傳法度衆生 畢竟無能報恩者.

마땅히 알라. 이러한 사람은
결정코 보리를 성취할 것이니라.

모든 부처님의 법을 잘 수지하여 다른 사람을 위하여 널리 설하면서 한편 더욱 부지런히 정진하여 불법에 대한 마음이 견고하다면, 이와 같은 사람은 반드시 정각을 성취할 것이다.

5) 참괴림慚愧林보살의 찬탄

(1) 설법의 어려움을 밝히다

이시　참괴림보살　승불위력　　보관시방
爾時에 **慚愧林菩薩**이 **承佛威力**하사 **普觀十方**

이설송언
하고 **而說頌言**하사대

그때에 참괴림보살이 부처님의 위신력을 받들어 시방을 두루 관찰하고 게송으로 말하였습니다.

약 인 득 문 시
若人得聞是

능 생 환 희 심
能生歡喜心하야

희 유 자 재 법
希有自在法이면

질 제 의 혹 망
疾除疑惑網이로다

만일 어떤 사람이

이 희유하고 자재한 법을 듣고

능히 기쁜 마음을 내면

의혹의 그물을 빨리 제거할 것이니라.

불법의 위신력은 어디에도 매이지 않고 자유자재한 것이다. 존재의 실상을 환하게 꿰뚫어 아는 사람이 무엇에 매이겠는가. 이것이 불법의 매력이다. 불법은 대해탈 대자유의 법이다.

일 체 지 견 인
一切知見人이

여 래 무 부 지
如來無不知실새

자 설 여 시 언
自說如是言하사대

시 고 난 사 의
是故難思議로다

일체를 알고 보는 사람
스스로 이렇게 말하되
'여래는 모르는 것이 없나니
그러므로 불가사의하니라.' 라고.

정법을 깨달아 아는 사람은 여래가 무엇을 아는지에 대해서 다 안다. 여래는 모르는 것이 없다는 것을 안다. 그래서 여래는 불가사의한 분이라는 것을 안다.

무 유 종 무 지
無有從無智하야

이 생 어 지 혜
而生於智慧니

세 간 상 암 명
世間常暗冥일새

시 고 무 능 생
是故無能生이로다

지혜 없는 데서는
지혜가 날 수 없으니
세간은 항상 어두운 곳이라
지혜를 낼 수 없느니라.

콩 심은 데 콩 나고 팥 심은 데 팥 난다는 말과 같이 지혜에서 지혜가 나고 미혹에서 미혹이 난다. 지혜가 없는 데서는 지혜가 날 수 없다. 모든 사람은 본래로 가지고 타고난 지혜가 있다. 그것을 스스로 터득하면 된다. 본래 없다면 어디서 가지고 오겠는가. 만약 어디서 가지고 온다면 금을 캐는 광산과도 같아서 지혜를 캐서 가지고 올 수 있지 않겠는가.

(2) 법과 비유를 해석하다

여 색 급 비 색
如色及非色이

차 이 불 위 일
此二不爲一인달하야

지 무 지 역 연
智無智亦然하야

기 체 각 수 이
其體各殊異로다

물질과 물질 아닌 것

이 둘이 하나 될 수 없나니

지혜와 무지無智도 그러하여

그 자체 각각 다르도다.

색色과 공空이 둘이면서 둘이 아니다. 그래서 색즉시공이
요 공즉시색이라 한다. 이와 같은 본질을 기본으로 하여 다
시 또 현상으로 눈을 돌리면 색은 색이고 공은 공이다. 그
자체가 각각 다르다. 너와 내가 본질에서는 하나이지만 현
상에서 우리는 또한 엄연히 다른 존재이다.

여 상 여 무 상
如相與無相과

생 사 급 열 반
生死及涅槃이

분 별 각 부 동
分別各不同인달하야

지 무 지 여 시
智無智如是로다

모양 있는 것 모양 없는 것

생사와 열반도

차별하여 각각 다르니

지혜와 무지도 그러하니라.

형상과 형상 없음이 하나에서 시작했지만 엄연히 다르고
생사와 열반이 공화共和이지만 각각 다르듯이 지혜와 무지無
智도 또한 그와 같음을 밝혔다.

세 계 시 성 립
世界始成立에

무 유 패 괴 상
無有敗壞相하니

지 무 지 역 연
智無智亦然하야

이 상 비 일 시
二相非一時로다

세계가 처음 생길 적에는

파괴되는 모양 없나니

지혜와 무지도 또한 그러하여

두 모양이 한 때가 아니로다.

지혜와 무지가 서로 다름을 또 비유를 들어 밝혔다. 세계
도 우리들 육신과 같이 처음 생길 때에야 누가 죽음을 알겠는
가. 생기는 것만 있고 탄생만 있다. 지혜와 무지도 궁극에는
하나이지만 엄연히 달라서 두 가지 모양이 한 때가 아니다.

여 보 살 초 심
如菩薩初心이

불 여 후 심 구
不與後心俱인달하야

지 무 지 역 연
智無智亦然하야

이 심 부 동 시
二心不同時로다

보살의 처음 마음은

나중 마음과 함께하지 않나니

지혜와 무지도 또한 그러하여

두 마음이 동시同時가 아니로다.

사실은 처음 마음이 끝 마음이고 끝 마음이 처음 마음이다. 그러나 엄격히 말하면 처음 마음과 나중 마음은 다른 것이다. 세상에서야 그런 마음을 얼마나 많이 보는가. 헤어짐과 만남이 모두 처음 마음과 나중 마음이 다른 데서 오는 것이다. 지혜와 무지도 그와 같은 것이다.

비 여 제 식 신   각 각 무 화 합

譬如諸識身이   **各各無和合**인달하야

지 무 지 여 시   구 경 무 화 합

智無智如是하야   **究竟無和合**이로다

비유하자면 모든 식識과 몸이

각각 화합하지 않는 것과 같이

지혜와 무지도 그러하여

구경에는 화합이 없느니라.

또 비유를 들었다. 본질에서 보면 몸과 식識이 화합하여 사람으로서의 활동과 작용을 한다. 그래서 몸이 식이고 식이 몸이지만 현상의 차별에서 보면 각각 다른 것이어서 화합이 아니다. 지혜와 무지도 그와 같다.

여 아 가 타 약
如阿伽陀藥이

능 멸 일 체 독
能滅一切毒인달하야

유 지 역 여 시
有智亦如是하야

능 멸 어 무 지
能滅於無智로다

마치 '아가타' 약이

일체 독을 소멸함과 같이

지혜도 또한 그와 같아서

무지를 능히 소멸하느니라.

옛 인도에 있었던 전설의 약품을 지혜에다 비유하였다.
아가타라는 약이 모든 독을 소멸하듯이 지혜도 그와 같아

二十. 야마천궁게찬품夜摩天宮偈讚品

서 일체 무지를 능히 다 소멸한다. 그렇다. 깨달음의 지혜로 해결하지 못할 문제는 없다. 그래서 불교를 지혜의 종교라고 한다.

(3) 부처님의 덕을 맺어 말하다

여래무유상
如來無有上이시며

역무여등자
亦無與等者라

일체무능비
一切無能比일새

시고난치우
是故難値遇로다

여래에게는 보다 높은 이가 없고

또한 같을 이도 없으며

일체 것과 비교할 수 없나니

그래서 만나기 어려우니라.

부처님을 찬탄하는 찬불게송 중에 널리 알려진 것이 있다. "천상과 천하에 부처님 같을 이 없고 시방세계에서도 비교할 이 없도다. 세간에 있는 것 내 모두 보았으나 일체에 부처님 같은 이 없더라."[9] 실로 부처님의 덕은 찬탄하고 또 찬탄하여도 다할 수가 없다.

6) 정진림精進林보살의 찬탄

(1) 부처님만이 안다

이 시　　정 진 림 보 살　　승 불 위 력　　　보 관 시 방
爾時에 **精進林菩薩**이 **承佛威力**하사 **普觀十方**

이 설 송 언
하고 **而說頌言**하사대

그때에 정진림보살이 부처님의 위신력을 받들어 시방을 두루 관찰하고 게송으로 말하였습니다.

제 법 무 차 별　　　　　　무 유 능 지 자
諸法無差別을　　　　　　**無有能知者**요

유 불 여 불 지　　　　　　지 혜 구 경 고
唯佛與佛知시니　　　　　**智慧究竟故**로다

---

9) 天上天下無如佛 十方世界亦無比 世間所有我盡見 一切無有如佛者.

모든 법은 차별이 없고

능히 알 사람도 없으나

오직 부처님과 부처님만 아시나니

지혜가 끝까지 이른 까닭이니라.

제법실상의 이치는 지혜가 궁극에 이른 부처님과 부처님만이 안다. 그 외에는 제대로 아는 사람이 없다. 이와 같은 말씀을 한 보살은 정진림보살이다. 끝없이 앞으로 나아가는 정진이 그의 삶이다.

(2) 비유로써 법을 해석하다

<table>
<tr><td>여 금 여 금 색
如金與金色이</td><td>기 성 무 차 별
其性無差別인달하야</td></tr>
<tr><td>법 비 법 역 연
法非法亦然하야</td><td>체 성 무 유 이
體性無有異로다</td></tr>
</table>

마치 금과 금빛이

그 성품 차별 없는 것과 같이

법과 법 아닌 것도 또한 그러해

자체의 성품이 다르지 않네.

불교의 가르침에는 비유가 많다. 눈에 보이는 어떤 사물의 작용이나 변화를 일러 주는 것이 아니고 대개는 보이지 않는 존재의 내면과 그 이치들을 깨우치는 것이기 때문에 비유가 아니면 설명하기가 어렵다. 또 비유가 아니면 이해하기도 어렵다. 그래서 설법에는 비유가 많다. 법과 비법도 그 체성이 다르면서 다른 것이 아닌 것이 마치 금과 금빛의 관계와 같다. 분명히 금에서 금빛이 나지만 금과 금빛은 다른 것이다.

중 생 비 중 생
衆生非衆生이

이 구 무 진 실
二俱無眞實하니

여 시 제 법 성
如是諸法性이

실 의 구 비 유
實義俱非有로라

중생과 중생 아닌 것이

둘이 다 진실함이 없으니

이와 같이 모든 법의 성품이

二十. 야마천궁계찬품夜摩天宮偈讚品

진실한 뜻이 모두 있지 않네.

"중생이다, 중생이 아니다."라는 것은 다만 언어로 표현했을 뿐이다. 실재에는 그런 것이 없다. 법의 성품도 "이것이다."라고 할 아무것도 없다. 그래서 법성게에서 "법성은 원융하여 두 가지 모양이 없다."라고 하였다.

비 여 미 래 세
譬如未來世에

무 유 과 거 상
無有過去相인달하야

제 법 역 여 시
諸法亦如是하야

무 유 일 체 상
無有一切相이로다

마치 오는 세상에는

지나간 세상의 모양이 없듯이

모든 법도 또한 그와 같아서

온갖 모양이 있지를 않네.

미래도 없고 과거도 없다. 없는 미래에 무슨 과거가 있겠는가. 모든 법도 그와 같아서 일체 상이 없다. 실재하는 것이란 어디에도 없다.

비 여 생 멸 상　　　　　　　종 종 개 비 실
譬如生滅相이　　　　　　**種種皆非實**인달하야

제 법 역 부 연　　　　　　　자 성 무 소 유
諸法亦復然하야　　　　　　**自性無所有**로다

마치 나고 소멸하는 모양이

가지가지가 진실하지 않듯이

모든 법도 또한 그와 같아서

그 자성이 있지 않도다.

　모든 현상은 끝없이 나고 소멸한다. 그래서 왕복서에서 "가고 오는 것이 끝이 없다[往復無際].”라고 하였다. 결코 고정되어 있지 않다. 그것은 변하지 않는 진실이 아니다. 법이 그렇고 법의 자성이 그렇고 인생이 그렇다. 그동안 살아온 삶의 경험을 통해서 분명히 알 수 있는 사실이다.

열 반 불 가 취
涅槃不可取나

설 시 유 이 종
說時有二種하니

제 법 역 부 연
諸法亦復然하야

분 별 유 수 이
分別有殊異로다

열반을 취할 수 없지만

말하는 데는 두 가지가 있듯이

모든 법도 또한 그와 같아서

분별하느라 다른 것이 있도다.

열반에는 유여열반과 무여열반이라는 두 가지가 있다고
말한다. 그러나 유여든 무여든 오직 열반일 뿐이다. 즉 흔적
없이 사라질 뿐이다. 모든 법도 이런저런 설명을 붙이지만
그 근본은 텅 비어 공할 뿐이다. 마치 사람의 일생과 같고
하루의 시간과 같다.

(3) 비유로써 법을 아는 사람

여 의 소 수 물
如依所數物하야

이 유 어 능 수
而有於能數라

피 성 무 소 유
彼 性 無 所 有니

여 시 요 지 법
如 是 了 知 法이로다

마치 셀 바 물건이 있으므로

능히 셈하는 것 있거니와

그 성품 모두 없는 것이니

이와 같이 법을 알아야 하네.

예컨대 물건이 있어서 그 물건을 헤아리지만 실은 물건도
공하고 헤아림도 본래 없다. 일체 법의 본질을 아는 것을 이
와 같이 알아야 한다. 일체 법의 본질이 텅 비어 공하다는 이
치를 절묘하게 비유하였다.

비 여 산 수 법
譬 如 算 數 法이

증 일 지 무 량
增 一 至 無 量이라

수 법 무 체 성
數 法 無 體 性이로대

지 혜 고 차 별
智 慧 故 差 別이로다

저 산수의 법이

하나씩 더하여 한량없음에 이르나니

산수의 법이 체성이 없거늘
지혜로 차별을 내느니라.

수학의 발달은 무궁무진하다. 하나에서 더하여 한량없음에 이르고, 다시 하나에서 빼거나 나누거나 그 또한 한량없음에 이른다. 그러나 고정된 어떤 자체의 성품이 없다. 고정된 자체의 성품이 없기 때문에 지혜로써 그와 같이 무한한 변화가 가능하다.

비 여 제 세 간
譬如諸世間이   겁 소 유 종 진
劫燒有終盡이나

허 공 무 손 패
虛空無損敗인달하야   불 지 역 여 시
佛智亦如是로다

비유하자면 모든 세간이
겁의 불이 탈 때는 끝나거니와
허공은 무너지지 않는 것과 같이
부처님 지혜도 또한 그러하니라.

하늘에 떠 있는 무수한 별들의 세계가 하나하나 중생들이 사는 세상이다. 그 별들은 처음 생길 때도 불로 인하여 생기고 소멸할 때도 또한 불로 인하여 소멸한다. 그것을 불교에서는 겁의 불, 즉 겁화劫火라 한다. 무상게無常偈에 "겁의 불길이 맹렬하게 타오를 때에 삼천대천세계도 다 함께 무너지고 수미산과 거대한 바다까지 소멸하여 남지 않거든 어찌 하물며 이 몸의 생로병사와 근심과 슬픔과 온갖 고뇌들이 능히 남아날 수 있겠는가."[10]라고 하였다.

그러나 무수한 은하계와 무수한 우주는 다 타서 없어지더라도 허공은 타지도 않고 무너지지도 않는다. 그와 같이 인간의 온갖 번뇌 망상은 다 소멸하더라도 부처님의 지혜인 사람 사람들의 근본 지혜는 없어지거나 무너지지 않는다.

여 시 방 중 생
如十方衆生이

각 취 허 공 상
各取虛空相인달하야

---

10) 劫火洞燃 大天俱壞 須彌巨海 磨滅無餘 何況此身 生老病死 憂悲苦惱 能
　　與遠違.

제 불 역 여 시
諸佛亦如是하야

세 간 망 분 별
世間妄分別이로다

마치 시방의 중생들이

제각기 허공의 모양을 말하듯이

모든 부처님도 또한 그와 같아서

세상에서 허망하게 분별하도다.

중생들이 허공을 이해하고 허공을 활용하는 것이 각양각
색이다. 세상 사람들이 부처님을 이해하고 부처님의 지혜와
자비와 가르침을 이해하는 것도 모두가 자신의 그릇대로
다. 부처님의 입장에서 보면 모두가 허망한 분별이다.

7) 역림力林보살의 찬탄

(1) 세간을 두루 밝히다

이 시   역 림 보 살   승 불 위 력   보 관 시 방
爾時에 **力林菩薩**이 **承佛威力**하사 **普觀十方**하고

이 설 송 언
而說頌言하사대

그때에 역림보살이 부처님의 위신력을 받들어 시방을 두루 관찰하고 게송으로 말하였습니다.

일 체 중 생 계
一切衆生界가

개 재 삼 세 중
皆在三世中하고

삼 세 제 중 생
三世諸衆生이

실 주 오 온 중
悉住五蘊中이로다

일체 중생세계는

다 삼세三世 가운데 있고

삼세의 모든 중생들은

모두 오온五蘊 중에 있도다.

중생들이 사는 세계는 공간이다. 공간은 시간이라는 과거 현재 미래를 의지하여 있다. 그래서 시간과 공간은 불가분의 관계에 있다. 씨줄과 날줄과 같이 짜여 있다. 그 시간과 공간을 의지한 중생들은 다시 오온이라는 색수상행식色受想行識으로 되어 있다. 시간과 공간과 중생, 그리고 중생의 오온이 그물처럼 서로 의지하여 엮여 있다.

제 온 업 위 본
諸蘊業爲本이요

제 업 심 위 본
諸業心爲本이라

심 법 유 여 환
心法猶如幻하니

세 간 역 여 시
世間亦如是로다

모든 온蘊은 업業이 근본이요

모든 업은 마음이 근본이니

마음이란 법은 요술과 같으니

세간도 또한 그러하니라.

그런데 시간과 공간과 중생, 그리고 중생의 오온이 그물처럼 서로 의지하여 얽여 있는 것을 분석해 보면 실체가 없는 오온은 실체가 없는 업이 그 근본이다. 또 업은 실체가 없는 마음이 근본이다. 가장 근본이 된다는 마음은 마치 요술과도 같아서 그 이름뿐이다. 사람들이 의지하는 세상을 분석해 보면 그 또한 실체가 없는 것이 그와 똑같다.

세 간 비 자 작
世間非自作이며

역 부 비 타 작
亦復非他作이로대

이 기 득 유 성
而其得有成이며

역 부 득 유 괴
亦復得有壞로다

세간은 스스로 지음 아니요
다른 이가 지음도 아니지만
이루어짐이 있으매
역시 파괴함도 있는 것이다.

사람의 몸과 기타 일체 물질을 구성하고 있는 모든 분자들은 끊임없이 생멸변화를 계속하고 있다. 나아가서 사람의 육신과 일체 사물도 생성과 소멸을 계속하고, 우리가 사는 이 지구와 하늘에 떠 있는 수많은 별들도 이뤄짐과 무너짐을 거듭하고 있다. 이와 같은 작용은 어떤 절대자가 하는 일이 아니다. 모든 존재의 존재원리로서 인연으로 생기하고 소멸하는 법칙이다.

세 간 수 유 성
世間雖有成이며

세 간 수 유 괴
世間雖有壞나

요 달 세 간 자
了達世間者는

차 이 불 응 설
此二不應說이로다

세간이 이뤄지기도 하고
세간이 파괴되기도 하거니와
세간을 분명히 통달한 이는
이 두 가지를 말하지 않느니라.

우리가 사는 이 지구는 45억 년 전에 생겼다고 한다. 그리고 앞으로 수억 년이 지나면 충돌과 같은 겁화劫火가 일어나서 파괴될 것이라고 한다. 또 다른 수많은 별들도 역시 같은 과정을 밟고 있다. 그러나 세상사를 분명하게 통달한 지혜로운 사람은 너무 오랜 일이거나 멀리 있는 것을 크게 문제 삼아 생각하지 않는다. 다만 우리들에게 당장 문제가 되는 것만 문제시問題視한다. 예컨대 화살에 맞은 사람을 바삐 치료하는 데 힘쓰지, 그 화살을 누가 만들었으며, 무엇으로 만들었으며, 어디서 날아왔는지를 크게 문제 삼지 않는다는 뜻이다. 우리들 인생은 그럴 겨를이 없기 때문이다.

(2) 모든 법을 널리 가리다

운 하 위 세 간　　　　　　운 하 비 세 간
云何爲世間이며　　　　**云何非世間**고

세 간 비 세 간　　　　　　단 시 명 차 별
世間非世間이　　　　**但是名差別**이로다

어떤 것을 세간이라 하고

어떤 것을 세간이 아니라 하는가

세간과 세간 아닌 것이

이름만이 다를 뿐이로다.

불교에서는 흔히 세간과 출세간을 나누어서 이야기한
다. 하지만 분명히 무엇을 세간이라 하고 무엇을 출세간이
라 할 것인지 근본에서 분석해 보면 뚜렷한 실체는 없다. 다
만 이름뿐이다.

삼 세 오 온 법　　　　　　설 명 위 세 간
三世五蘊法은　　　　**說名爲世間**이요

피 멸 비 세 간　　　　　　여 시 단 가 명
彼滅非世間이니　　　　**如是但假名**이로다

삼세三世와 오온법五蘊法을

말하여 세간이라 하고

그것이 멸한 것을 세간 아니라 하니

이와 같이 이름만 빌렸을 뿐이로다.

과거 현재 미래와 색, 수, 상, 행, 식을 세간법이라 하고,
그것이 소멸한 것을 세간법이 아니라 한다. 삼세와 오온법
이 가상으로 있는 듯하지만 그 본질은 본래 공하여 없는 것
이다. 마치 물에서 물결이 일어난 것과 같다.

운 하 설 제 온
云何說諸蘊이며

제 온 유 하 성
諸蘊有何性고

온 성 불 가 멸
蘊性不可滅일새

시 고 설 무 생
是故說無生이로다

무엇을 여러 가지 온蘊이라 하며

모든 온蘊은 무슨 성품이 있는가.

온의 본성품 멸할 수 없으며

그래서 남이 없다[無生] 하느니라.

반야심경에 "오온이 모두 공한 것으로 비춰 보면 일체 고액을 제도한다." 하였고 또 "공한 것에는 색이 없고 수 상 행 식도 없으며, 안 이 비 설 신 의도 없고, 색 성 향 미 촉 법도 없다."[11]라고 하였다. 오온의 본성은 본래로 불생불멸이다.

분별차제온
分別此諸蘊인댄

기성본공적
其性本空寂이라

공고불가멸
空故不可滅이니

차시무생의
此是無生義로다

이 온蘊을 분별하여 보면

그 성품 본래부터 공적하여

공적하므로 멸할 수 없어

이것이 남이 없다는 이치니라.

하필 오온뿐이겠는가. 일체 존재는 그 본성이 모두가 불

---

11) 照見五蘊皆空 度一切苦厄 舍利子 色不異空 空不異色 色卽是空 空卽是
色 受想行識 亦復如是 舍利子 是諸法空相 不生不滅 不垢不淨 不增不減
是故 空中無色 無受想行識 無眼耳鼻舌身意 無色聲香味觸法.

생불멸이다. 존재의 본성을 불교에서는 불생불멸로 파악하였다. 세속의 학문에서 말하는 '물질이 화학반응에 의해 다른 물질로 변화하여도 반응 이전 물질의 모든 질량과 반응 이후 물질의 모든 질량은 변하지 않고 항상 일정하다.'는 질량불변의 법칙[12] 그대로다. 예컨대 얼음이 물로 변하든 수증기로 변하든 형태만 바뀔 뿐 그 질량은 변함없는 불생불멸이라는 것이다.

중 생 기 여 시
衆生旣如是인댄

제 불 역 부 연
諸佛亦復然이니

불 급 제 불 법
佛及諸佛法이

자 성 무 소 유
自性無所有로다

중생이 이미 이러하면

부처님도 역시 그러함이니

---

12) 물질이 화학반응에 의해 다른 물질로 변화하여도 반응 이전 물질의 모든 질량과 반응 이후 물질의 모든 질량은 변하지 않고 항상 일정하다는 법칙. 1774년 라부아지에(Lavoisier, A. L.)가 발견하였으며, 근대 과학의 기초가 되었다. 유의어로는 물질보존의 원칙, 물질불멸의 법칙, 물질불생불멸법, 질량보존의 법칙 등이 있다.

부처님과 모든 부처님의 법이
그 자성 있는 것 아니로다.

오온으로 구성된 중생이 실체가 없어서 오온중생이 다 공
적하다면 모든 부처님도 또한 공적하다. 부처님이 공적하므
로 부처님의 법도 또한 공적하다. 이와 같이 아는 것은 참되
고 바른 견해며, 이와 같지 못한 견해는 삿된 견해다.

(3) 이익을 말하다

능 지 차 제 법
能知此諸法이

여 실 부 전 도
如實不顚倒하면

일 체 지 견 인
一切知見人이

상 현 재 기 전
常現在其前이로다

능히 이 모든 법이
진실하여 뒤바뀌지 않는 줄 알면
일체를 알고 보는 이가
항상 그의 앞에 나타나리라.

"일체를 알고 보는 이"란 곧 여래를 뜻한다. 화엄경에서 "일체 법이 생기지 아니하며 일체 법이 소멸하지 않나니 만약 능히 이와 같이 이해하면 모든 부처님이 항상 앞에 나타나리라."[13] 라고 하였다. 역림力林보살은 게송에서 일체 존재의 실상이 공적을 바탕으로 한 불생불멸임을 위주로 밝혔다.

8) 행림行林보살의 찬탄

(1) 땅의 종성[요소]으로 부처님의 몸을 밝히다

이 시　　행 림 보 살　　승 불 위 력　　보 관 시 방
爾時에 **行林菩薩**이 **承佛威力**하사 **普觀十方**하고

이 설 송 언
而說頌言하사대

그때에 행림보살이 부처님의 위신력을 받들어 시방을 두루 관찰하고 게송으로 말하였습니다.

---

13) 一切法不生 一切法不滅 若能如是解 諸佛常現前.

비 여 시 방 계
譬如十方界에

일 체 제 지 종
一切諸地種이

자 성 무 소 유
自性無所有로대

무 처 부 주 변
無處不周徧인달하야

비유하면 시방세계가

일체 지대地大의 종성[요소]으로서

자성이 있는 것 아니지만

두루 하지 않은 곳 없음과 같네.

불 신 역 여 시
佛身亦如是하야

보 변 제 세 계
普徧諸世界하사대

종 종 제 색 상
種種諸色相이

무 주 무 래 처
無住無來處로다

부처님 몸도 또한 그와 같아서

모든 세계에 두루 했으나

가지가지 빛과 모양이

머문 곳도 온 곳도 없도다.

화엄경에는 부처님의 몸에 대해서 밝힌 내용들이 대단히

많다. 행림行林보살이 땅의 종성種性으로 부처님의 몸을 밝힌 내용이다. 종성이란 요소다. 즉 땅의 종성이라면 땅을 이루는 요소다. 우리들의 몸이 사대四大로 이루어졌다면 네 가지 종성, 즉 네 가지 요소로 이뤄졌다는 뜻이다. 땅의 요소들이 땅을 이루고 있어서 세계에 두루 하지만 실재하는 자성은 없다. 부처님의 몸도 이와 같아서 모든 세계에 두루 하여 가지가지 빛과 모양을 나타내지만 실로 머문 곳도 없고, 온 곳도 없고, 간 곳도 없다.

(2) 의지함이 없는 업으로 부처님의 몸을 밝히다

<table>
<tr><td>단 이 제 업 고
但以諸業故로</td><td>설 명 위 중 생
說名爲衆生이나</td></tr>
<tr><td>역 불 리 중 생
亦不離衆生하고</td><td>이 유 업 가 득
而有業可得이로다</td></tr>
</table>

다만 모든 업으로써

중생이라 말하거니와

역시 중생을 떠나서는

업을 찾아볼 수 없도다.

불교에서는 업이라는 말을 대단히 많이 쓴다. 우리들 중생의 속성을 이해하려면 반드시 이야기할 수밖에 없는 용어다. 업에는 중생의 업뿐만 아니라 불업佛業과 보살업菩薩業까지 있다. 그러나 중생의 업만을 두고 논의한다면 중생과 업은 서로 떠나려야 떠날 수 없는 관계다.

업 성 본 공 적
業性本空寂이나

중 생 소 의 지
衆生所依止요

보 작 중 색 상
普作衆色相이나

역 부 무 래 처
亦復無來處로다

업의 성품 본래 공적하나

중생들이 의지한 바며

여러 가지 모양을 두루 짓지만

또한 다시 온 곳은 역시 없어라.

중생들은 업이라는 점을 대단히 중요하게 취급하지만 실로 업의 자체 성품은 공적하여 실체가 없다. 그러나 중생은 그 자체의 성품도 없는 업을 의지한다. 즉 업에 따라 온갖 모습을 달리 나타낸다. 모든 사람들이 얼굴이 각각 다르고 체형이 각각 다르고 느낌과 생각이 각각 다르고 삶의 형태가 각각 다른 것은 모두가 업이 다르기 때문이다. 실로 업은 불가사의하다.

여시제색상
如是諸色相과

업력난사의
業力難思議니

요달기근본
了達其根本이면

어중무소견
於中無所見이로다

이와 같은 모든 색상과
업의 힘 헤아릴 수 없어라.
그 근본을 분명히 알면
그 가운데는 볼 것도 없도다.

업과 사람의 관계는 따져 볼수록 미묘하고 불가사의하다. 사람들이 만들어 가는 세상의 모습은 모두가 중생들의 업의 세력 때문이다. 즉 살기 좋은 세상이라거나 살기 나쁜 세상이라는 것은 모두가 사람들이 지은 업 때문이다. 업의 힘은 개개인에서부터 전체에 이른다. 그래서 공업共業이 있는가 하면 불공업不共業이 있다. 열 명의 가족이 있을 때 가족 전체가 영향을 받는 것은 공업이고, 개인 한 사람에게만 어떤 상황이 벌어지는 것은 불공업이다. 국민 한 사람 한 사람과 국민 전체의 관계도 공업과 불공업의 문제다.

불 신 역 여 시
佛身亦如是하야

불 가 득 사 의
不可得思議니

종 종 제 색 상
種種諸色相으로

보 현 시 방 찰
普現十方刹이로다

부처님 몸도 또한 이와 같아서

헤아릴 수 없거니와

가지가지 모든 색상으로

시방세계에 두루 나타나도다.

앞에서는 업을 들어 부처님의 몸을 비유하였다. 업이 불가사의하며 각양각색이듯이 부처님의 몸도 실로 불가사의하다. 도대체 그 실상을 알 길이 없다. 가지가지 모습으로 시

방세계에 나타나지만 그 실체는 없다. 여래현상품에 "부처님
의 몸은 온 법계에 충만해 계시면서 일체 중생들 앞에 나타나
셨네. 인연을 따라 감응하여 두루 하지 않는 곳 없으나 항
상 보리수나무 밑의 금강보좌에 계시도다."[14] 라고 하였다.

신 역 비 시 불
身亦非是佛이며

불 역 비 시 신
佛亦非是身이니

단 이 법 위 신
但以法爲身하면

통 달 일 체 법
通達一切法이로다

몸도 또한 부처가 아니고
부처도 또한 몸이 아니지만
다만 법으로 몸을 삼아
일체 법을 통달하도다.

부처님의 형상을 아무리 잘 그리고 조각하여 살아 있는
부처님과 똑같이 하였다 하더라도 그 형상은 부처가 아니

---

14) 佛身充滿於法界 普現一切衆生前 隨緣赴感靡不周 而恒處此菩提座.

다. 왜냐하면 형상은 부처가 아니기 때문이다. 설사 살아 있는 몸이라 하더라도 마찬가지다. 금강경에 "만약 몸으로 나를 보거나 음성으로 나를 구하면 그 사람은 삿된 길을 가는 것이다. 결코 여래를 볼 수 없을 것이다."[15]라고 하였다. 부처님은 다만 육신이 아닌 법으로 몸을 삼는다.

그래서 아함경 바카리경에 "부처님께서 라자그라하 죽림정사에 계실 때 바카리라는 비구가 중병에 걸려 임종할 때가 가까웠습니다. 그는 마지막으로 부처님을 뵈옵고 예배드리기를 갈망하였습니다. 소식을 듣고 부처님께서 달려오시자 누워 있던 바카리가 일어나 예배를 올리려고 하였습니다. 이에 부처님께서 바카리의 손을 잡아 자리에 누이시고 간곡히 말씀하셨습니다. '바카리야, 이 썩어질 몸을 보고 절을 해서 무얼 하겠느냐. 법을 보는 자는 나를 보고 나를 보는 자는 법을 보리라.'"라고 하였다. 이와 같이 법이 곧 부처님이다.

---

15) 若以色見我 以音聲求我 是人行邪道 不能見如來.

(3) 부처님의 몸을 보면 이익을 얻는다

약 능 견 불 신
若能見佛身이　　　　　청 정 여 법 성
清淨如法性하면

차 인 어 불 법
此人於佛法에　　　　　일 체 무 의 혹
一切無疑惑이로다

만일 부처님의 몸이

청정하여 법의 성품과 같음을 보면

이 사람은 불법에 있어서

일체의 의혹이 없으리라.

부처님의 몸은 청정하여 법의 성품 그대로다. 부처님의 몸인 법의 성품은 원융하여 두 가지 모양이 없다. 그러므로 부처님의 몸을 본다는 것은 곧 법의 성품을 보는 것이다. 법의 성품을 보면 불법에 무슨 의혹이 있겠는가. 그것이 부처님의 몸을 보는 이익이다.

약 견 일 체 법
若見一切法이　　　　　본 성 여 열 반
本性如涅槃하면

| 시 즉 견 여 래 | 구 경 무 소 주 |
| 是則見如來가 | 究竟無所住로다 |

만일 일체 법의

본성품이 열반과 같음을 보면

이런 이는 곧 여래가

끝까지 머문 데 없음을 보리라.

일체 법의 본성품이 열반과 같다는 것은 일체 법이 적멸하며 텅 비어 공한 것으로 본다는 것이다. 즉 일체 법이 공하여 본래로 불생불멸한 것으로 보면 곧 여래가 철저히 머무는 바가 없음을 본다. 열반도 적멸하며 여래도 적멸하다. 그래서 법화경에서는 "제법은 본래로 항상 스스로 적멸한 모습이니 불자가 이 이치를 행하고 나면 오는 세상 부처를 이루리라."[16]라고 하였다.

| 약 수 습 정 념 | 명 료 견 정 각 |
| 若修習正念하야 | 明了見正覺하면 |

---

16) 諸法從本來 常自寂滅相 佛子行道已 來世得作佛.

無相無分別하야
시 명 법 왕 자
是名法王子로다

만일 바른 생각을 닦아
분명하게 정각正覺을 보면
모양도 없고 분별도 없어
이름을 법왕자法王子라 하리라.

정각正覺을 분명하게 본다는 것은 스스로가 정각을 이룬다는 뜻이다. 정각을 이루지 못한 사람이 어찌 정각을 볼 수 있겠는가. 부처님을 보면 이익을 얻는다는 세 게송과 관련해 청량스님은 "첫 게송, 부처님을 보면 법을 안다는 것은 부처님을 보아 본성에 합하여 동체임을 의심하지 않는 까닭이다. 다음, 법을 보면 곧 부처님을 본다는 것은 법을 알면 곧 본성이 청정하여 부처님이 성품이나 현상에 머물지 않는 까닭이다. 마지막 게송은 바른 수행을 밝게 아는 것이니, 상이 없음을 깨달아 마음에 분별이 사라져서 고요함과 비춤이 함께 흐르는 까닭에 바른 생각[正念]이라 한다. 부처님의 법으로부터 출생하므로 법왕자이다."[17]라고 하였다.

9) 각림覺林보살의 찬탄

(1) 사상事相에 나아가서 법을 나타내다

이 시　　각 림 보 살　　승 불 위 력　　　변 관 시 방
爾時에 **覺林菩薩**이 **承佛威力**하사 **偏觀十方**하고

이 설 송 언
而說頌言하사대

그때에 각림보살이 부처님의 위신력을 받들어 시방
세계를 두루 관찰하고 게송으로 말하였습니다.

비 여 공 화 사　　　　　　분 포 제 채 색
譬如工畵師가　　　　　　**分布諸彩色**하고

허 망 취 이 상　　　　　　대 종 무 차 별
虛妄取異相이나　　　　　**大種無差別**이니

비유하면 마치 그림을 그리는 화가가

---

17) 初頌見佛即了法 以見佛稱性 不疑同體故. 次偈見法即見佛 了法即性淨 知
　　佛不住性相. 後偈明了正修行 照了無相 心寂分別 寂照雙流故名正念 則
　　從佛法生 是法王子故.

여러 가지 색을 칠해 가면서
허망하게 여러 가지 모양을 그리지마는
대종大種은 차별이 없느니라.

각림보살은 게송에서 마음이 일체 삼라만상을 만들어 낸
다는 유심사상唯心思想의 근거가 되는 내용을 설하였다. 먼저
그림의 비유를 들었다. 여기서 대종大種이란 물감의 요소다.
그림을 그리는 화가가 물감의 요소로 온갖 차별한 그림을
그리지만 그 물감의 요소에는 그와 같은 차별한 그림이 없
다. 그런데 갖가지 모양의 그림을 그려 낸다.

<table>
<tr><td>대 종 중 무 색
大種中無色이며</td><td>색 중 무 대 종
色中無大種이로대</td></tr>
<tr><td>역 불 리 대 종
亦不離大種하고</td><td>이 유 색 가 득
而有色可得이로다</td></tr>
</table>

대종大種 가운데 빛깔이 없고
빛깔 중에 대종이 없지만
그러나 또한 대종을 떠나서

빛깔을 찾을 수도 없느니라.

물감의 요소에 처음부터 색깔이 있었던 것은 아니다. 또 색깔에 그 물감의 요소가 있었던 것도 아니다. 그러나 물감의 요소와 색깔은 서로 떠나려야 떠날 수 없는 관계다. 마치 몸과 몸짓과 같다. 몸이 몸짓은 아니지만 몸짓을 떠나서 몸이 따로 있는 것이 아니다.

(2) 마음에 나아가서 법을 나타내다

심 중 무 채 화
心中無彩畵하고

채 화 중 무 심
彩畵中無心이로대

연 불 리 어 심
然不離於心하고

유 채 화 가 득
有彩畵可得이로다

마음속에 그림이 없고

그림 속에 마음이 없지만

그러나 마음을 떠나서

그림을 찾을 수 없도다.

사람이 마음을 작용하여 그림을 그리지만 마음속에는 그림이 없다. 또 그림은 사람의 마음에서 나온 것이지만 그림 속에는 사람의 마음이 없다. 마음과 그림은 서로 다른 것이면서 또 떠나려야 떠날 수 없는 관계다.

피 심 항 부 주
彼心恒不住하야

무 량 난 사 의
無量難思議라

시 현 일 체 색
示現一切色호대

각 각 불 상 지
各各不相知로다

저 마음 항상 머물지 않고
한량없고 헤아릴 수도 없어
일체 빛깔을 나타내 보이지만
각각 서로 알지 못하도다.

금강경에 "응당히 머무는 바 없이 그 마음을 낸다."라는 구절이 있다. 실로 마음은 머무는 바 없이 흘러간다. 스스로도 흐르고 경계를 따라 흐르기도 한다. 쉼 없이 흘러가는 것이 마음의 본색이다. 구태여 가두거나 멈추게 하지 말라. 얼

마나 많은 사람들이 자연스럽게 흘러가는 마음의 본모습을
모른 채 가두거나 멈추게 하려 했던가.

비 여 공 화 사
譬如工畵師가

불 능 지 자 심
不能知自心호대

이 유 심 고 화
而由心故畵인달하야

제 법 성 여 시
諸法性如是로다

비유하자면 마치 그림을 그리는 화가가
자기의 마음을 알지 못하지만
마음으로 그림을 그리나니
모든 법의 성품도 그러하도다.

참으로 신기한 일이다. 사람은 스스로의 마음을 전혀 알
지 못한 채 그 마음으로 온갖 것을 만들고 온갖 일을 한다.
선과 악을 짓고 천당과 지옥을 짓는다. 행복과 불행을 만들
고 기쁨과 즐거움을 만든다.

(3) 비유와 법을 합하여 관찰하다

심 여 공 화 사
心如工畵師하야

능 화 제 세 간
能畵諸世間하나니

오 온 실 종 생
五蘊悉從生이라

무 법 이 부 조
無法而不造로다

마음은 화가와 같아서

모든 세간을 그려 내나니

오온이 마음 따라 생기어서

무슨 법이나 못 짓는 것 없도다.

화엄경에서 매우 유명한 게송이다. 화엄경의 유심사상을
이야기할 때 반드시 인용되는 게송이다. 마음은 그림을 그
리는 화가와 같아서 무엇이든 다 그린다. 화가는 백지 위에
산천초목이나 사람이나 동물이나 무엇이든 그리고 싶은 대
로 그린다. 우리들 마음도 그와 같아서 기쁨도 그리고 슬픔
도 그린다. 분노도 그리고 환희도 그린다. 행복도 그리고 불
행도 그린다. 그 모든 것은 내 마음이 그린 것이다. 자신의
육신과 자신이 누리는 일체 세상도 모두 자신의 마음이 그
린 것이다. 그런데 사람들은 자신이 그린 그림을 두고 남을

탓하고 세상을 탓한다.

여 심 불 역 이
如心佛亦爾하며

여 불 중 생 연
如佛眾生然하니

응 지 불 여 심
應知佛與心이

체 성 개 무 진
體性皆無盡이로다

마음과 같이 부처도 또한 그러하고

부처와 같이 중생도 그러하니

응당히 알라. 부처나 마음이나

그 성품 모두 다함이 없도다.

마음도 부처도 중생도 그 성품은 다함이 없다고 하였다. 화엄경을 이해하는 열쇠는 "마음과 부처와 중생, 이 셋은 차별이 없다."라는 점이다. 무엇이라고 이름을 붙이든 그 본성은 하나며 같은 것이다. 경우에 따라 또는 편의에 따라 그 이름을 달리할 뿐이다. 그러므로 무엇을 알든 한 가지만 정확하게 알면 그 셋을 다 아는 것이 된다. 그래서 필자는 불교 공부의 총결론으로서 인불사상 人佛思想을 주창하는 것이

다. 사람이 부처님이다. 또는 당신은 부처님이시다. 사람을
부처님으로 알고 존중하고 찬탄하고 받들어 섬기자. 그도
행복하고 나도 또한 행복할 것이다.

약 인 지 심 행　　　　　보 조 제 세 간
若人知心行이　　　　普造諸世間하면

시 인 즉 견 불　　　　　요 불 진 실 성
是人則見佛하야　　　了佛眞實性이로다

만약 어떤 사람이 마음의 작용이
모든 세간을 다 짓는 줄을 안다면
이 사람은 부처를 보아
부처의 참성품 알게 되리라.

금강경에는 "만약 모든 형상을 형상이 아닌 것으로 보면
곧 여래를 보리라."[18]라고 하였다. 여기에는 "사람의 마음
작용이 일체 세간을 다 짓는 줄을 안다면 곧 부처를 보고 부
처의 참성품을 알게 되리라."고 하였다. 일체를 공으로 보는

---

18) 若見諸相非相 卽見如來.

관점[호觀]과 일체를 마음으로 보는 관점[性觀] 또는 중도적 관점[中觀]으로 금강경과 화엄경의 견해가 나뉜다. 만약 법상종의 견해라면 현상을 현상으로만 보는 상관相觀의 견해가 될 것이다. 이러한 것을 공호 성性 상相 삼관의 관점이라 한다.

<table>
<tr><td>심 부 주 어 신
心不住於身하며</td><td>신 역 부 주 심
身亦不住心호대</td></tr>
<tr><td>이 능 작 불 사
而能作佛事하니</td><td>자 재 미 증 유
自在未曾有로다</td></tr>
</table>

마음이 몸에 머물지 않고

몸도 또한 마음에 머물지 않지만

모든 불사佛事를 능히 지어

자재함이 미증유未曾有하니라.

불교에서는 오랜 세월 동안 마음의 소재에 대해서 논의해 왔다. 능엄경에서는 "마음이 몸 안에 있느냐, 몸 밖에 있느냐? 눈 속에 있느냐, 어두운 곳에 있느냐? 합하는 곳에 있느냐? 중간에 있느냐? 일체 무착無着이냐?" 등 소위 칠처징심

七處徵心으로 따져 가며 질문하였다. 마음은 몸에 머물지 않고 몸도 또한 마음에 머물지 않으면서 보고, 듣고, 냄새 맡고, 말도 하고, 동작도 하고, 과거나 미래도 생각하고, 글도 읽고 쓰고, 기쁘면 크게 웃고, 슬프면 눈물 흘리고, 마음에 맞지 않으면 화를 내는 등 온갖 일을 다 한다. 참으로 미묘 불가사의하다. 그 소재를 알려고 하는 질문이 잘못된 것인가? 참으로 인류의 영원한 화두다.

약 인 욕 요 지
若人欲了知

응 관 법 계 성
應觀法界性하라

삼 세 일 체 불
三世一切佛인댄

일 체 유 심 조
一切唯心造니라

만일 어떤 사람이
삼세의 일체 부처님을 알고자 하면
마땅히 법계의 본바탕[性]이
일체가 오직 마음으로 된 줄을 관찰하라.

이 게송을 화엄경의 사구게송이라 한다. 역시 유심사상

의 중요한 근거다. 일체유심조一切唯心造라는 말은 너무도 유명하여 불교를 모르는 사람까지도 불교의 대표적 가르침이라는 것으로 알고 있는 말이다. 산천초목과 산하대지와 삼라만상과 일월성신과 우주법계가 모두 이 마음이 만든 것이라면 마음이 안에 있느니 밖에 있느니 따질 일이 아니다. 불교를 믿고 불교를 공부하여 이 한 말씀만 잘 깨달아서 일상생활에 적용한다면 그는 참으로 복 받은 사람이며 행운아라고 할 수 있다. 인생의 모든 문제를 다 해결한 사람이다. 이 하나의 열쇠로 풀리지 않는 문제가 무엇이겠는가.

10) 지림智林보살의 찬탄

(1) 취할 것에 대하여 말하다

이 시　지 림 보 살　승 불 위 력　　보 관 시 방
爾時에 **智林菩薩**이 **承佛威力**하사 **普觀十方**하고

이 설 송 언
而說頌言하사대

그때에 지림보살이 부처님의 위신력을 받들어 시방

을 두루 관찰하고 게송으로 말하였습니다.

소 취 불 가 취
所取不可取며

소 견 불 가 견
所見不可見이며

소 문 불 가 문
所聞不可聞이니

일 심 부 사 의
一心不思議로다

취할 것도 취할 수 없고

볼 것도 볼 수 없으며

들을 것도 들을 수 없어서

한 마음이라 불가사의하도다.

우리는 마음을 사용하여 온갖 대상을 다 취하지만 정작 취하는 그 마음은 취하지 못한다. 마치 손으로 물건을 잡으면 물건은 잡히지만 손은 잡을 수 없는 것과 같다. 보는 것도 듣는 것도 모두 같은 경우다. 그래서 그 한 마음은 참으로 불가사의한 존재다.

(2) 취할 수 없음을 해석하다

유 량 급 무 량
有量及無量을

이 구 불 가 취
二俱不可取니

약 유 인 욕 취
若有人欲取인댄

필 경 무 소 득
畢竟無所得이로다

한량이 있거나 한량이 없거나

둘을 다 취할 수 없으니

만약 어떤 이가 취하려 하여도

끝까지 얻지 못하리라.

마음 작용이 한량이 있거나 한량이 없거나 두 가지를 다
취할 수 없다. 보거나 듣거나 취하는 일이 너무나 명확하여
만약 어떤 사람이 그것을 취하려고 하면 아무리 취해 봐야
끝내 취할 수 없다. 마치 손으로 허공을 취하는 일과 같아
서 끝까지 허공은 손에 잡히지 않으리라.

불 응 설 이 설
不應說而說이

시 위 자 기 광
是爲自欺誑이니

기 사 불 성 취
己事不成就요　　　불 령 중 환 희
不令衆歡喜로다

말하지 않을 것을 말한다면

이것은 스스로를 속이는 것

자기 일을 성취하지 못하니

다른 이를 기쁘게 할 수 없도다.

마음은 결코 잡거나 취할 수 없는 것인데 만약 그것을 잡
거나 취한다고 말한다면 이것은 스스로를 속이는 것이다.
자기 마음의 문제도 아직 성취하지 못하였거니 어떻게 그 문
제로 다른 이를 기쁘게 하겠는가.

(3) 볼 수 없음을 해석하다

유 욕 찬 여 래
有欲讚如來의　　　무 변 묘 색 신
無邊妙色身인댄

진 어 무 수 겁
盡於無數劫이라도　　　무 능 진 칭 술
無能盡稱述이로다

여래의 그지없이 묘한 색신色身을

찬탄하려는 이가 있다면
무수겁이 끝나도록 하여도
모두 다 말할 수 없으리라.

여래의 색신은 일정한 형상이 아니다. 일정한 형상이 아
니면서 일체 형상으로 다 나타낸다. 그러므로 무엇을 한 가
지로 특별히 정하여 여래의 색신이라고 한다면 치우친 견해
가 된다. 여래는 치우친 견해로 볼 수 없다. 진정한 색신은
무수겁이 다하도록 설명하여도 다할 수 없다.

비 여 수 의 주　　　　능 현 일 체 색
譬如隨意珠가　　　能現一切色호대
무 색 이 현 색　　　　제 불 역 여 시
無色而現色인달하야　諸佛亦如是로다

비유하자면 마치 여의주[隨意珠]가
온갖 빛을 다 나타내되
빛이 없는 데서 빛을 내는 것처럼
모든 부처님도 또한 이와 같도다.

여의주는 일정한 빛이 없다. 일정한 빛이 없으면서 일체 색을 다 나타낼 수 있는 것이 또한 여의주다. 모든 부처님의 색신도 여의주와 같아서 색신이 아니면서 일체 색신을 다 나타낸다.

우 여 정 허 공
又如淨虛空이 　　　 비 색 불 가 견
非色不可見이라

수 현 일 체 색
雖現一切色이나 　　　 무 능 견 공 자
無能見空者인달하야

또 마치 맑은 허공은
빛이 아니어서 볼 수 없으며
비록 일체 빛을 나타내더라도
허공을 볼 이는 없는 것과 같으니라.

세상에서 허공이라는 말을 많이 하지만 정작 허공을 본 사람은 아무도 없다. 왜냐하면 허공은 물질이 아니기 때문이다. 우리가 본 것은 허공을 의지하여 존재하는 구름, 땅, 나무, 건물, 지구, 달, 해, 별 등이다. 그 모든 것은 다 허공이 나타낸 것들이다. 허공은 모두 비유다.

제 불 역 여 시
諸佛亦如是하사

보 현 무 량 색
普現無量色이나

비 심 소 행 처
非心所行處라

일 체 막 능 도
一切莫能覩로다

모든 부처님도 또한 이와 같아서

한량없는 모습을 나타내지만

마음이 행할 곳이 아니라

일체를 볼 수 없도다.

　허공과 같이 부처님의 법신도 또한 그와 같다. 부처님은 한량없는 모습을 다 나타내지만 마음으로 짐작하여 알 경계가 아니다. 마음으로 아무리 사량하고 분별하더라도 그 모든 모습에서는 부처님의 법신을 볼 수 없다. 이 두 게송을 청량스님은 "맑은 허공으로 색상을 나타낸 비유인데 부처님의 법신을 비유하였다. 법신의 체는 색상이 아니나 능히 조잡하고 미묘한 일체의 모든 색상을 나타낸다."[19)]고 하였다.

(4) 들을 수 없음을 해석하다

수 문 여 래 성
雖聞如來聲이나

음 성 비 여 래
音聲非如來며

역 불 리 어 성
亦不離於聲하고

능 지 정 등 각
能知正等覺이로다

비록 여래의 음성을 듣지만

음성은 여래가 아니며

또한 음성을 떠나서

정등각正等覺을 알 수도 없도다.

여래는 음성이 아니지만 또한 음성을 떠나서 따로 여래를 찾을 수도 없다. 만약 음성에서 여래를 찾으면 상견常見에 떨어지고, 음성을 떠나서 여래를 찾으면 단견斷見에 떨어져서 모두가 치우친 견해가 된다. 금강경에는 "만약 색상으로 나를 보거나 음성으로 나를 구하면 이 사람은 삿된 도를 행하는 것이다. 여래를 볼 수 없으리라."[20] 라고 하였다. "음성을 떠나서 따로 여래를 찾을 수도 없다."는 화엄경과 대비해서 생각해 보면 불법을 깊이 이해하는 데 도움이 될 것이다.

---

19) 二偈淨空現色喩. 喩佛法身 體非是色 能現粗妙一切諸色.
20) 若以色見我 以音聲求我 是人行邪道 不能見如來.

보 리 무 래 거
菩提無來去라

이 일 체 분 별
離一切分別이어니

운 하 어 시 중
云何於是中에

자 언 능 득 견
自言能得見이리오

보리菩提는 오고 감이 없어

일체 분별을 떠난 것인데

어떻게 이 가운데서

능히 본다고 스스로 말하겠는가.

보리란 깨달음이다. 깨달음은 옴도 없고 감도 없다. 그
래서 일체 분별을 다 떠났다. 일체 분별을 다 떠났으므로 본
다느니, 안다느니, 얻는다느니 하는 것이 있을 수 없다.

제 불 무 유 법
諸佛無有法이시니

불 어 하 유 설
佛於何有說가

단 수 기 자 심
但隨其自心하야

위 설 여 시 법
謂說如是法이로다

모든 부처님은 법이 있는 것 아닌데

부처님이 어찌 말씀이 있겠는가.
다만 자기의 마음을 따라서
이런 법을 설한다 하도다.

모든 부처님은 언제나 법을 중심으로 설명이 된다. 만약 부처님에게서 법을 제외하면 부처님도 또한 존재할 수 없다. 그러나 또 다른 차원에서 관찰해 보면 부처님에게는 법이 없다. 법이 없는데 무슨 설법이 있겠는가. 다만 중생들이 각자의 마음을 따라서 자기의 상식대로 이러이러한 법을 설한다고 이야기한다. 어떤 경전에서는 "나는 49년 동안 한 글자도 설한 바가 없다[一字不說]."라고 하였다. 또 금강경에서는 "법을 얻은 바도 없으며 설한 바도 없다."고 하였다.

이렇게 하여 부처님이 야마천에 올라가는 내용과 야마천에서 보살들이 각자의 깨달은 바대로 부처님과 부처님의 법을 높은 안목으로 한껏 찬탄하여 마쳤다. 이것은 다음에 설해질 제4회 법문의 본론인 십행품+行品의 서론이다.

야마천궁게찬품 끝

대방광불화엄경 강설

대방광불화엄경 강설

제19권

二十一. 십행품 1

십행품은 제4회 법문의 본론이다. 보살의 열 가지 행을
설하였다. 공덕림보살이 선사유善思惟삼매에 들어 여러 부처
님이 가피加被하시는 지혜를 받들고, 삼매에서 일어나서 보
살의 열 가지 행을 설하였다.

① 환희행歡喜行은 모든 소유물을 보시하는 데 아끼지도
않고 그 과보를 바라지도 않고, 다만 일체 중생을 구
호함으로써 그들을 환희케 하는 것이다.

② 요익행饒益行은 계행을 잘 지니면서 빛깔, 소리, 냄새,
맛, 감촉에 집착하지 않으며, 중생에게 이것을 말하
여서 재물을 구하지도 말고, 몸매를 구하지도 말고,
마군의 장애를 받지도 않고, 다른 이를 시끄럽게 하
지도 않으며, 내지 중생으로 하여금 보리를 이루게
하는 것이다.

③ 무위역행無違逆行은 항상 참고 공경하여 저와 남을 해
롭게도 하지 않고, 저와 남을 집착하지도 않으며, 훼
방하고 해롭게 함을 참고, 자기가 불법 가운데 있으
면서 다른 이로 하여금 법을 얻게 하는 것이다.

④ 무굴요행無屈撓行은 꾸준히 노력하여 모든 번뇌와 버

룻을 없애고, 이와 같은 행으로 모든 중생을 무여열
반에 이르게 하는 것이다.

⑤ 무치란행無癡亂行은 바른 생각을 성취하여 마음이 산
란하지 않고 견고하여 동요하지 않으며, 청정하고 미
혹하지 않아서 바른 법으로 중생을 교화하여 궁극에
는 무여열반을 얻게 하려고 염원하는 것이다.

⑥ 선현행善現行은 몸과 입과 뜻으로 짓는 업이 청정하여
얻는 바가 없는 데 머물며, 허망도 없고 속박도 없으
며, 드러내어 보이는 것은 성품도 없고 의지도 없으
며, 내지 진실한 법에 들어가고 출세간법에 들어가며,
끝끝내 중생들을 성취하고 조복하는 것이다.

⑦ 무착행無着行은 집착이 없는 마음으로 아승지 세계에
들어가서 부처님께 공양하고, 지음이 없는 법을 끝까
지 얻고, 보살의 수기授記를 얻고, 중생의 자비와 선근
을 증장케 하는 것이다.

⑧ 난득행難得行은 얻기 어렵고 굴복하기 어려운 선근을
성취하고, 광대한 변재를 얻으며, 큰 서원이 쉬지 않고
중생을 교화하여 부처님의 도에 이르게 하는 것이다.

⑨ 선법행善法行은 모든 천신과 인간과 사문과 범천들을
위하여 서늘한 법의 못을 만들고 바른 법을 유지하여
부처님의 종자가 끊어지지 않게 하며, 또 열 가지 몸
을 성취하여 여러 중생의 의지할 데가 되는 것이다.

⑩ 진실행眞實行은 가장 진실한 말을 성취하고, 말한 대
로 행하며, 행하는 것과 같이 말하여, 삼세 부처님들
의 진실한 말을 배우고 선근이 동등하여 여래를 따라
배우고 지혜를 성취하는 것이다.

이와 같은 열 가지 행을 설할 때 시방의 세계가 여섯 가
지로 진동하고, 무수한 보살들이 와서 공덕림보살을 찬탄
하였으며, 공덕림보살은 다시 게송으로 열 가지 행을 설하
였다.

청량스님의 소疏에는 "인연을 따르고 이치를 따라 수행하
는 것을 이름을 행行이라 한다. 그 숫자가 작은 먼지 수보다
많지만 원만의 뜻에 의지하여 십행十行이라 하였다. 인왕경에
는 십지十止라고 하였는데 삼학三學에 나아가서 선정의 마음
을 증장하기 때문이다. 범망경에는 장양長養이라고 하였는

데 도의 뿌리가 자라나기 때문이다. 만약 범본梵本대로라면 응당히 공덕화취보살설십행품功德華聚菩薩說十行品이라고 해야 하는데 곧 능히 설법하는 사람을 겸한 것이다. 지금의 글은 생략하였다."[21)라고 하였다.

---

21) 釋名者, 隨緣順理造修名行. 數越塵沙, 寄圓辨十 仁王名爲十止. 就三學
中, 定心增故 梵網名爲長養. 長道根故 若具梵本, 應云功德華聚菩薩說十
行品. 則兼能說人. 今文略耳.

1. 공덕림功德林보살이 삼매에 들다

이 시　　공 덕 림 보 살　　승 불 신 력　　입 보 살 선
爾時에 **功德林菩薩**이 **承佛神力**하사 **入菩薩善**

사 유 삼 매
思惟三昧하시니라

이때에 공덕림功德林보살이 부처님의 신력을 받들어 보살의 선사유善思惟삼매에 들었습니다.

십행품의 설법주說法主는 공덕림보살이다. 화엄경 전편의 법문이 언제나 부처님의 위신력을 받들어 설한 것과 같이 공덕림보살도 역시 부처님의 깨달음에 뿌리를 두고 있음을 밝혔다. 그것은 화엄경이 처음 부처님이 보리수나무 아래에서 정각을 이룸으로부터 시작한 뜻과 일치한다. 보살이 십행의 내용을 설하기 위하여 들어간 선사유善思惟삼매란 생각을 깊고 넓고 크고 바르게 한다는 뜻이다. 보통 사람들의 일상에

서도 가장 중요한 것이 이 선사유삼매다. 누구나 말과 행동
을 시작하기 전에 잠깐이라도 이 선사유삼매에 들어간다면
말과 행동에 일체 허물이 없을 것이다. 삼사일언三思一言이라
는 말도 그와 같은 뜻이다. 만약 공덕림보살과 같이 깨달음
을 성취하여 이러한 삼매에 들어갔다면 그 뒤의 말과 행동이
어떠하겠는가.

2. 부처님이 가피加被를 내리다

1) 가피의 인연을 말하다

입시삼매이　시방각과만불찰미진수세계
入是三昧已에 十方各過萬佛刹微塵數世界

외　　유만불찰미진수제불　개호공덕림　　이
外하야 有萬佛刹微塵數諸佛이 皆號功德林이라 而

현기전　　고공덕림보살언
現其前하사 告功德林菩薩言하사대

이 삼매에 들고 나니 시방으로 각각 일만 부처님 세계의 작은 먼지 수처럼 많은 세계 밖에 일만 부처님 세계의 작은 먼지 수같이 많은 여러 부처님이 계시었는데, 명호名號가 다 같이 공덕림불功德林佛이었습니다. 공덕림보살의 앞에 나타나서 말씀하였습니다.

“일만 부처님 세계의 작은 먼지 수처럼 많은 세계 밖”이라
면 얼마나 먼 거리일까. 예컨대 한 부처님 세계의 작은 먼지
수라면 우리가 사는 지구를 모두 작은 먼지로 만들었을 때
그 수효와 같은 것이다. 일만 부처님 세계라고 하였으니 그
수의 일만 배이다. 우리가 육안으로 보는 저 은하수의 몇 억
만 배일까? 몇 억 광년의 거리인지 알 수가 없다. 그리고 그
먼 곳에 있는 그 많은 부처님의 이름이 모두 십행법문을 설
할 공덕림보살과 같다는 것은 또 무슨 뜻인가.

무한한 허공도 큰 깨달음에는 태평양바다의 작은 물거
품 하나에 불과하다[호生大覺中 如海一漚發]. 그래서 큰 깨달음
이란 한 마음의 거리며, 일체가 우리들 한 마음 공덕의 이치
에서 펼쳐지기 때문에 부처님도 보살도 중생도 모두가 공덕
림이다.

선재　　　　불자　　　내능입차선사유삼매　　　선남
善哉라 **佛子**여 **乃能入此善思惟三昧**로다 **善男**

자　　차시시방각만불찰미진수동명제불　　공가
子야 **此是十方各萬佛刹微塵數同名諸佛**이 **共加**

어여 역시비로자나여래 왕석원력 위신
於汝시며 亦是毘盧遮那如來의 往昔願力과 威神

지력 급제보살 중선근력 영여입시삼매
之力과 及諸菩薩의 衆善根力으로 令汝入是三昧하야

이연설법
而演說法이니라

"잘하는 일이다. 불자여, 그대가 능히 이 선사유善思
惟삼매에 들었도다. 선남자여, 이것은 시방으로 각각 일
만 부처님 세계의 작은 먼지 수처럼 많은 명호가 같은
모든 부처님들이 그대에게 가피加被하려는 것이니라. 역
시 비로자나 여래의 옛날 서원하신 힘과, 위신威神의 힘
과, 모든 보살들의 여러 가지 선근의 힘으로써 그대로
하여금 이 삼매에 들어서 법을 연설하게 하려는 것이
니라."

일만 불찰 미진수나 되는 공덕림부처님이 다 같이 공덕림
보살 앞에 나타나서 선사유삼매에 든 것을 말씀하신다. 시
방의 무수한 공덕림부처님이 그대에게 가피하신 것이다. 또
비로자나부처님이 지난 세상의 원력과 위신력으로 가피하신

것이다. 또 모든 보살들의 여러 가지 선근의 힘으로 이 선사
유삼매에 들어서 법을 연설하게 한 것이다. 공덕림보살이 십
행법문을 설하는 데는 이와 같은 부처님과 보살들의 큰 가
피가 그 힘이 된 것이다.

필자가 문수경전연구회에서 스님과 신도들에게 화엄경
을 설하고 다시 강설을 이렇게 쓸 수 있는 것도 모두 부처님
과 보살들과 일체 화엄성중들의 큰 가피를 입었기 때문이
다. 또 현전의 대중과 카페 '염화실' 법우님들의 큰 호응과
격려가 있었기 때문이다. 또한 가까운 인연과 먼 인연 모두
의 염려와 기도가 있어서 이와 같은 불사를 하게 된 것이다.

2) 부처님의 가피가 하는 일을 말하다

위 증 장 불 지 고　　심 입 법 계 고　　요 지 중 생 계 고
爲增長佛智故며 **深入法界故**며 **了知衆生界故**며

소 입 무 애 고　　소 행 무 장 고　　득 무 량 방 편 고　　섭
所入無礙故며 **所行無障故**며 **得無量方便故**며 **攝**

취 일 체 지 성 고　　각 오 일 체 제 법 고　　지 일 체 제
取一切智性故며 **覺悟一切諸法故**며 **知一切諸**

근 고　　능 지 설 일 체 법 고　　소 위 발 기 제 보 살 십 종
根故며 **能持說一切法故**니 **所謂發起諸菩薩十種**

행
行이니라

"부처님의 지혜를 증장하려는 연고며, 법계에 깊이 들게 하려는 연고며, 중생세계를 분명히 알게 하려는 연고며, 들어가는 데 걸림이 없게 하려는 연고며, 행하는 일에 장애가 없게 하려는 연고며, 한량없는 방편을 얻게 하려는 연고며, 일체 지혜의 성품을 거두어 지니게 하려는 연고며, 일체 모든 법을 깨닫게 하려는 연고며, 일체 모든 근성을 알게 하려는 연고며, 일체 법을 가져서 말하게 하려는 연고이니라. 이른바 모든 보살의 열 가지 행을 일으키려는 것이니라."

부처님은 무엇 때문에 공덕림보살에게 가피하는가? 앞으로 보살의 열 가지 행[十行]을 설하려면 열 가지 조건을 갖춰야 하기 때문이다. 그래서 그 열 가지 조건을 먼저 설하였

다. 열 가지 조건이란, 부처님이 깨달으신 지혜가 있어야 하고, 우주법계에 깊이 들어가야 하고, 중생들의 세계를 잘 알아야 하고, 법계에 들어감에 걸림이 없어야 하고, 법계에 들어가서 중생 교화 활동에 장애가 없어야 하고, 중생들을 교화하는 데에 한량없는 방편을 얻어야 하고, 일체를 깨달아 아는 지혜 성품을 거두어 지녀야 하고, 일체 모든 법을 깨달아야 하고, 일체 중생들의 일체 근성을 잘 알아야 하고, 일체 법을 잘 설해야 하는 것이다. 이와 같은 조건을 갖춰야 하기 때문에 부처님이 가피를 내리는 것이다.

3) 가피의 상相을 보이다

(1) 말의 가피

선 남 자　여 당 승 불 위 신 지 력　　이 연 차 법
善男子야 **汝當承佛威神之力**하야 **而演此法**이니라

"선남자여, 그대는 마땅히 부처님의 위신력을 받들어 이 법을 연설하라."

가피는 언제나 몸과 말과 뜻 이 세 가지로 한다. 몸과 말과 뜻이 부처님의 전부며, 보살의 전부며, 사람의 전부이기 때문이다. 이와 같이 부처님의 전체를 다하여 가피를 해야 온전한 가피가 된다. 말의 가피란 부처님이 이 십행의 법을 설하라고 당부하는 것에 큰 힘을 입어서 보살이 법을 설하는 것이다. 일반 사회에서도 자신보다 명성이 높은 어른이 어떤 일에 격려하고 당부를 하면 큰 힘을 얻게 마련이다.

(2) 뜻의 가피

시시　제불　즉여공덕림보살　무애지　무
是時에 **諸佛**이 **卽與功德林菩薩**에 **無礙智**와 **無**

착지　무단지　무사지　무치지　무이지　무
着智와 **無斷智**와 **無師智**와 **無癡智**와 **無異智**와 **無**

실지　무량지　무승지　무해지　무탈지
失智와 **無量智**와 **無勝智**와 **無懈智**와 **無奪智**하시니

하이고　차삼매력　법여시고
何以故오 **此三昧力**이 **法如是故**니라

이때 모든 부처님이 곧 공덕림보살에게 걸림 없는

지혜와 집착 없는 지혜와 끊이지 않는 지혜와 스승 없는 지혜와 어리석지 않은 지혜와 다르지 않은 지혜와 허물 없는 지혜와 한량없는 지혜와 이길 이 없는 지혜와 게으름 없는 지혜와 빼앗을 수 없는 지혜를 주었으니, 이 삼매의 힘은 법이 으레 이와 같은 까닭입니다.

이때에 모든 부처님이 공덕림보살에게 뜻의 가피, 즉 마음의 가피를 주었다. 마음의 가피란 앞으로 십행법문을 설하려면 무엇보다 지혜가 뛰어나야 하기 때문에 부처님이 열한 가지 지혜를 주는 것이다. 공덕림보살이 선사유삼매에 들어가면 그 삼매의 힘이 당연히 그러하기 때문이다. 선사유란 곧 모든 지혜를 출생하는 근본이 된다. 보통의 사람도 설사 수행이 없고 지혜가 없더라도 깊은 생각으로 사유를 철저히 하면 평소 자신의 능력과 다른 특별한 지혜가 생기게 된다. 이것이 선사유삼매의 효력이다.

(3) 몸의 가피

이 시　제 불　각 신 우 수　　마 공 덕 림 보 살 정
爾時에 **諸佛**이 **各伸右手**하사 **摩功德林菩薩頂**

하신대

그때에 여러 부처님이 각각 오른손을 내밀어 공덕림
보살의 정수리를 만지었습니다.

다음은 몸의 가피다. 모든 부처님이 오른손으로 공덕림
보살의 정수리를 어루만진 것이다. 어른들은 어린아이가 귀
엽거나 착한 일을 했을 때 머리를 쓰다듬는다. 그것은 어른
들의 순수한 감동에서 나온 행위이다. 모든 부처님들도 공
덕림보살이 십행법문을 설하기 전에 선사유삼매에 들어가니
고맙고 감동한 나머지 격려하는 뜻에서 오른손으로 공덕림
보살의 정수리를 어루만진 것이다.

3. 공덕림보살의 열 가지 보살행

1) 보살행의 근본을 말하다

時에 功德林菩薩이 卽從定起하사 告諸菩薩言

하사대 佛子야 菩薩行이 不可思議라 與法界虛空界

等하니 何以故오 菩薩摩訶薩이 學三世諸佛하야 而

修行故니라

그때에 공덕림보살이 곧 삼매로부터 일어나서 모든 보살들에게 말하였습니다. "불자들이여, 보살의 행은 불가사의하여 법계와 허공계로 더불어 평등하니라. 무슨 까닭인가? 보살마하살은 과거 현재 미래의 모든 부처님들에게 배워서 행을 닦는 까닭이니라."

불교에서 행하는 일체 의식이나 법회는 본 행사에 들어가기 전에 형식적이나마 반드시 입정을 하였다가 출정을 하고 나서 시작한다. 그 형식은 모두 이와 같은 화엄경에서 유래하였다. 또 보살의 열 가지 행은 그 근본이 심오하다. 과거 현재 미래의 모든 부처님에게 배워서 닦은 것이다. 스스로 아무렇게나 터득한 법이 아니다. 세상의 하찮은 학문이나 기술도 반드시 그 스승과 전통을 중요시한다. 하물며 보살의 십행법문이겠는가. [22]

---

22) 필자의 화엄경 공부의 유래다. 필자는 1963년 해인사 강원에서 학인으로 처음 화엄경을 공부하고, 1967년 역경연수원 생활 이후부터 수년간 탄허(吞虛, 1913~1983)스님에게 본격적으로 화엄경을 수학하였다. 그리고 1994년에 한글본 10권을 편찬하여 출간하고, 다시 1997년에 한문본 강원 교재 4권을 출간하였다. 모두 짧게 단락을 나누어 제목을 달아 대의를 추리기에 편리하도록 하였다. 1998년에는 은해사 승가대학원에서 강의하였으며, 2010년 3월부터는 부산의 문수선원 문수경전연구회에서 150여 명의 스님들에게 강의하고 있으며, 2012년 2월부터는 200여 신도들에게 강의해 오고 있다. 이와 같은 인연으로 화엄경 강설을 집필하게 된 것이다.

2) 열 가지 행의 이름을 열거하다

佛子_야 何等_이 是菩薩摩訶薩行_고 佛子_야 菩薩

摩訶薩_이 有十種行_{하야} 三世諸佛之所宣說_{이시니}

何等_이 爲十_고 一者_는 歡喜行_{이요} 二者_는 饒益行_{이요}

三者_는 無違逆行_{이요} 四者_는 無屈撓行_{이요} 五者_는

無癡亂行_{이요} 六者_는 善現行_{이요} 七者_는 無着行_{이요}

八者_는 難得行_{이요} 九者_는 善法行_{이요} 十者_는 眞實

行_{이니} 是爲十_{이니라}

"불자들이여, 어떤 것을 보살마하살의 행이라 하는
가? 불자여, 보살마하살이 열 가지 행이 있으니, 과거
현재 미래의 모든 부처님이 말씀하시는 것이니라. 무엇
이 열 가지인가? 하나는 환희행歡喜行이요, 둘은 요익행

饒益行이요, 셋은 무위역행無違逆行이요, 넷은 무굴요행無屈撓行이요, 다섯은 무치란행無癡亂行이요, 여섯은 선현행善現行이요, 일곱은 무착행無着行이요, 여덟은 난득행難得行이요, 아홉은 선법행善法行이요, 열은 진실행眞實行이니라. 이것이 열이니라.”

화엄경 7처 9회 39품 중 제4회 법문의 본론인 십행법문十行法門의 열 가지 행을 열거하였다. 십행 하나하나의 깊은 뜻과 십바라밀과의 연관관계를 밝히는 것은 본문에서 다시 설명한다.

3) 제1 환희행歡喜行

(1) 보살은 대시주大施主다

불자 하등 위보살마하살환희행 불자
佛子야 **何等**이 **爲菩薩摩訶薩歡喜行**고 **佛子**야

차보살 위대시주 범소유물 실능혜시
此菩薩이 **爲大施主**하야 **凡所有物**을 **悉能惠施**호대

其心平等하야 無有悔吝하며 不望果報하며 不求名
기 심 평 등 무 유 회 린 불 망 과 보 불 구 명

稱하며 不貪利養하니라
칭 불 탐 이 양

"불자들이여, 무엇을 보살마하살의 환희행歡喜行이라
하는가. 불자들이여, 이 보살이 대시주大施主가 되어 가진
물건을 다 능히 보시하느니라. 그 마음이 평등하여 후회
하거나 아낌이 없으며, 과보를 바라지 아니하며, 이름을
구하지 아니하며, 이양利養을 탐하지도 아니하느니라."

환희행歡喜行은 남을 기쁘게 하는 행이다. 남을 기쁘게 하
는 것은 주는 일, 즉 보시행이다. 십바라밀 중에서 보시바라
밀이 주主바라밀이고 나머지 아홉 바라밀은 조助바라밀이 된
다. 이와 같은 형식으로 십행에서 주바라밀과 조바라밀을
서로 바꿔 가며 수행한다.

사람이 하는 일 중에 가장 아름답고 훌륭한 일은 보시하
는 일이다. 특히 불교에서는 가장 이상적인 보살의 첫째 덕
목으로 보시를 꼽는다. 육바라밀에서도 십바라밀에서도 첫
째가 보시다. 금강경에서도 보시를 하되 상相에 머물지 말고

보시하라고 권하고 있다. 보시에는 재財보시와 법法보시와 무외無畏보시와 무재칠시無財七施 [23] 등이 있다.

대승불교의 보살은 언제나 모든 사람, 모든 생명에게 대시주가 되어야 한다. 그래서 무엇이든 일체 생명이 필요로 하는 것이라면 베풀어야 하는 것이 의무다. 베풀되 그 마음이 평등해서 베푼 뒤에 후회하거나 아끼는 마음이 없어야 한다. 과보나 대가를 바라지 않아야 한다. 찬사를 받을 생각을 하지 말아야 한다. 되돌아오는 이양도 생각하지 말아야 한다. 그것이 보시를 하고 상을 내지 않는 아름다운 행위이다.

(2) 중생들의 이익과 행복을 위하여

단 위 구 호 일 체 중 생　　　섭 수 일 체 중 생　　　요
但爲救護一切衆生하며 **攝受一切衆生**하며 **饒**

---

23) 첫째는 얼굴에 화색을 띠고 부드럽고 정다운 얼굴로 남을 대하는 화안시和顏施, 둘째는 말로써 베푸는 언시言施, 셋째는 따뜻한 마음을 주는 심시心施, 넷째는 호의를 담은 눈으로 사람을 보는 안시眼施, 다섯째는 몸으로 돕는 신시身施, 여섯째는 자리를 내주어 양보하는 좌시坐施, 일곱째는 굳이 묻지 않고 상대의 속을 헤아려 알아서 도와주는 찰시察施이다.

익 일 체 중 생
益一切衆生하며

"다만 일체 중생을 구호하며, 일체 중생을 거두어 주
며, 일체 중생을 이익케 하기 위한 것이니라."

보시행으로 일체 중생을 기쁘게 하며, 일체 중생을 구호
하며, 일체 중생을 섭수하며, 일체 중생을 이익하게 하고 행
복하게 한다. 그것이 보시의 목적이다.

위 학 습 제 불 본 소 수 행　　억 념 제 불 본 소 수 행
爲學習諸佛本所修行하며 **憶念諸佛本所修行**

애 락 제 불 본 소 수 행　　청 정 제 불 본 소 수 행
하며 **愛樂諸佛本所修行**하며 **淸淨諸佛本所修行**하며

증 장 제 불 본 소 수 행　　주 지 제 불 본 소 수 행　　현
增長諸佛本所修行하며 **住持諸佛本所修行**하며 **顯**

현 제 불 본 소 수 행　　연 설 제 불 본 소 수 행
現諸佛本所修行하며 **演說諸佛本所修行**하야

"모든 부처님의 본래 닦으신 행을 배우며, 모든 부처

님의 본래 닦으신 행을 생각하며, 모든 부처님의 본래 닦으신 행을 좋아하며, 모든 부처님의 본래 닦으신 행을 청정히 하며, 모든 부처님의 본래 닦으신 행을 증장하며, 모든 부처님의 본래 닦으신 행에 머물러 지니며, 모든 부처님의 본래 닦으신 행을 나타내며, 모든 부처님의 본래 닦으신 행을 연설하기 위함이니라.”

보시행은 모든 부처님이 닦으신 본래의 수행을 다시 학습하는 일이다. 보시행은 모든 부처님의 본래 닦으신 수행을 기억하는 일이다. 보시행은 모든 부처님의 본래 닦으신 수행을 좋아하는 일이다. 보시행은 모든 부처님의 본래 닦으신 수행을 청정히 하는 일이다. 보시행은 모든 부처님의 본래 닦으신 수행을 증장하는 일이다. 보시행은 모든 부처님의 본래 닦으신 수행에 머물러 지니는 일이다. 보시행은 모든 부처님의 본래 닦으신 수행을 나타내는 일이다. 보시행은 모든 부처님의 본래 닦으신 수행을 연설하는 일이다.

영 제 중 생　　　이 고 득 락
令諸衆生으로 **離苦得樂**이니라

"중생들로 하여금 괴로움을 여의고 낙을 얻게 하려
는 것이니라."

이 모든 설법의 결론은 모든 중생들로 하여금 이고득락
離苦得樂하게 하는 것이다. 중생들로 하여금 이고득락하게 하
는 것은 불교가 세상에 존재하는 목적이다. 만약 불교가 세
상에 있으면서 그 임무를 다하지 못한다면 그 책임을 저버리
는 것이 된다.

(3) 보시의 행을 밝히다

불 자　보 살 마 하 살　수 차 행 시　영 일 체 중 생
佛子야 **菩薩摩訶薩**이 **修此行時**에 **令一切衆生**

　환 희 애 락　　수 제 방 토　유 빈 핍 처　　이 원
으로 **歡喜愛樂**하며 **隨諸方土**의 **有貧乏處**하야 **以願**

력 고　왕 생 어 피 호 귀 대 부　재 보 무 진
力故로 **往生於彼豪貴大富**의 **財寶無盡**하야

"불자들이여, 보살마하살이 이 행을 닦을 때에 일체 중생으로 하여금 환희하고 즐겁게 하려고 하여 어느 지방이나 가난한 곳이 있거든 원력으로써 그곳의 호사스럽고 크게 부귀하여 재물이 다함이 없는 집에 태어나느니라."

일반 불교에서는 청빈한 생활을 높이 사는 경향이 있다. 그러나 대승불교에서는 오히려 반대로 재산이 넘쳐나고 부귀와 공명이 세상을 덮을 정도의 넉넉한 집안에 태어나는 것을 선호한다. 그래서 그 재보를 일체 중생의 환희와 안락을 위해서 잘 쓸 수 있기를 서원한다. 그것이 대승불교 보살의 적극적인 삶의 모습이다.

가 사 어 염 념 중　　유 무 량 무 수 중 생　　예 보 살
假使於念念中에 **有無量無數衆生**이 **詣菩薩**

소　　백 언　　인 자 아 등 빈 핍　　미 소 자 섬　　기
所하야 **白言**호대 **仁者我等貧乏**하야 **靡所資贍**일새 **飢**

리 곤 고　　　명 장 부 전　　　유 원 자 애　　시 아 신
羸困苦하야 命將不全이로소니 惟願慈哀로 施我身

육　　영 아 득 식　　이 활 기 명　　　이 시　　보
肉하사 令我得食하야 以活其命하소서하면 爾時에 菩

살　즉 변 시 지　　영 기 환 희　　심 득 만 족
薩이 卽便施之하야 令其歡喜하야 心得滿足케하며

"가령 잠깐잠깐 동안에 한량없고 수없는 중생들이 보
살에게 와서 말하기를 '어지신 이여, 우리는 몹시 가난
하여 끼니를 이어갈 수 없으며, 굶주리고 곤고하여 목
숨을 부지할 수 없습니다. 바라옵건대 불쌍히 여기어 나
에게 몸의 살을 보시하여 먹고 살아나게 하소서.'라고
한다면, 그때에 보살은 곧 보시하여 주어 그들로 하여
금 환희하고 만족케 하느니라."

앞에서는 부귀한 집에 태어나서 많은 재보를 보시하여 중
생을 환희하고 즐겁게 해 주는 것을 밝혔다. 다음은 어떤 사
람이 몹시 가난하여 끼니를 이어갈 수 없으며, 굶주리고 곤
고하여 목숨을 부지할 수 없어 몸의 살을 보시하기를 원한
다면 보살은 흔쾌히 몸의 살을 보시하여 중생의 마음을 만

족하게 한다는 것이다. 몸의 살도 떼어 내어 보시하는데 그
외에 가진 재산이나 물건이나 이름이나 소임이나 절이나 명
예 따위이겠는가.

如是無量百千衆生_이 而來乞求_{라도} 菩薩_이 於
彼_에 曾無退怯_{하고} 但更增長慈悲之心_{일새} 以是衆
生_이 咸來乞求_에 菩薩_이 見之_{하고} 倍復歡喜_{하야} 作
如是念_{호대} 我得善利_니 此等衆生_이 是我福田_{이며}
是我善友_라 不求不請_{호대} 而來敎我入佛法中_{하니}
我今應當如是修學_{하야} 不違一切衆生之心_{이라하}
나니라

　"이와 같이 한량없는 백천 중생이 와서 구걸하더라
도 보살은 그 일에 조금도 물러서거나 겁약한 기색이

없고, 다만 자비한 마음이 더욱 증장하나니라. 그래서 중생들이 모두 와서 구걸하는 것을 보살이 보고는 더욱 환희하여 이렇게 생각하느니라. '나는 지금 좋은 이익을 얻었도다. 이 중생들은 나의 복전福田이며 나의 선지식善知識이로다. 구하지도 않고 청하지도 않았지마는 일부러 와서 나로 하여금 불법 가운데 들게 하는 것이다. 나는 지금 마땅히 이와 같이 배우고 닦아서 일체 중생의 마음을 어기지 아니하리라.'라고 하느니라."

만약 어떤 사람이 나에게 와서 음식을 구걸하거나 옷을 구걸하거나 신발을 구걸하거나 돈을 구걸하거나 심지어 몸의 피나 살을 구걸할 때라도 우리는 이와 같이 생각해야 한다. '나는 지금 좋은 이익을 얻었도다. 이 중생들은 나의 복전福田이며 나의 선지식善知識이로다. 구하지도 않고 청하지도 않았지마는 일부러 와서 나로 하여금 불법 가운데 들게 하는 것이다. 나는 지금 마땅히 이와 같이 배우고 닦아서 일체 중생의 마음을 어기지 아니하리라.'

근래의 우리나라 사찰에서는 승속을 막론하고 '전국구'라는 구걸하는 직업을 가진 사람들을 심심치 않게 보게 된다. 사찰에 행사가 있을 때나 아니면 정기적으로 들른다. 그 사람들이 찾아올 때 이와 같은 생각으로 스스로를 다스려야 한다. 또는 '내가 일부러 찾아가서 보시를 해도 할 것인데 이렇게 찾아와서 나에게 복을 짓게 하니 얼마나 고맙고 감사한 일인가.'라고 하면서 흔쾌히 베풀어야 하리라.

우 작 시 념　　원 아 이 작 현 작 당 작 소 유 선 근
又作是念호대 願我已作現作當作所有善根으로

영 아 미 래　　어 일 체 세 계 일 체 중 생 중　　수 광 대
令我未來에 於一切世界一切衆生中에 受廣大

신　　　이 시 신 육　　충 족 일 체 기 고 중 생　　내 지
身하야 以是身肉으로 充足一切飢苦衆生호대 乃至

약 유 일 소 중 생　　미 득 포 족　　　원 불 사 명　　소
若有一小衆生이 未得飽足이라도 願不捨命하고 所

할 신 육　　역 무 유 진
割身肉도 亦無有盡하니라

"또 생각하기를 '원컨대 나는 이미 지었거나 지금 짓거나 장차 지을 모든 선근으로써, 오는 세상에는 일체 세계의 일체 중생 가운데서 엄청나게 큰 몸을 받고, 그

몸의 살로써 일체 굶주린 중생들의 배를 채워 만족케 하
되, 한 조그만 중생까지라도 배가 차지 않은 이가 있으
면, 나는 생명을 버리지 않고, 베어 내는 내 몸의 살도
또한 없어지지 않아지이다.'라고 원할 것이니라."

부유하여 경제적인 능력으로 일체 중생을 다 먹여 살리기
를 원하는 것도 보살의 훌륭한 보시행이다. 더구나 자신이
가장 아끼는 몸의 살로써 굶주린 중생의 배를 채워 만족케
한다는 것은 얼마나 어려운 보살행인가. 그러면서 생명을 버
리지 않고 베어 내는 살이 없어지지 않아서 두고두고 오랫동
안 공양할 수 있기를 서원하는 것은 참으로 보살의 중생을
향한 비원悲願이다.

(4) 깨달음으로 회향하는 보시

이 차 선 근   원 득 아 녹 다 라 삼 먁 삼 보 리
以此善根으로 **願得阿耨多羅三藐三菩提**하야

중 대 열 반   원 제 중 생   식 아 육 자   역 득 아 녹
證大涅槃하고 **願諸衆生**이 **食我肉者**도 **亦得阿耨**

다 라 삼 먁 삼 보 리　　　획 평 등 지　　　구 제 불 법
多羅三藐三菩提하야 **獲平等智**하야 **具諸佛法**하야

광 작 불 사　　　내 지 입 어 무 여 열 반　　　약 일 중 생
廣作佛事하며 **乃至入於無餘涅槃**이니 **若一衆生**이

　　　　심 불 만 족　　　아 종 부 증 아 뇩 다 라 삼 먁 삼 보 리
라도 **心不滿足**이면 **我終不證阿耨多羅三藐三菩提**

라하니라

　"또 생각하기를 '이러한 선근으로 아뇩다라삼먁삼보리를 얻고 대열반大涅槃을 증득하기를 원하느니라. 또 나의 살을 먹은 중생들도 역시 아뇩다라삼먁삼보리를 얻고 평등한 지혜를 얻으며, 모든 불법을 갖추어 불사를 널리 짓다가 무여無餘열반에 들기를 원하느니라. 만일 한 중생이라도 마음이 만족하지 않는다면, 나는 마침내 아뇩다라삼먁삼보리를 증득하지 않으리라.'라고 하느니라."

　재물이나 몸의 살을 보시하여 가난한 중생을 구원하는 것은 보시의 일차적 목적이지만 그 보시가 더 나아가 깨달음으로 회향될 때 진정한 불교적 보시가 된다. 단순하게 중생의 굶주림만 해결하는 보시라면 정부의 사회복지부에서도

할 수 있는 일이다. 그뿐만 아니라 일반 사회의 수많은 복지 단체에서도 얼마든지 할 수 있는 일이며 개인도 흔히 할 수 있는 일이다. 그러나 불교에서의 물질 보시는 반드시 깨달음으로 회향되어야 한다. 만약 물질만 보시하고 불법으로 이어지지 않는다면 불교적 보시라고 할 수 없다. 작은 물질의 보시도 끝내는 최상의 깨달음으로 회향되어야 한다.

(5) 보시의 인人과 법法이 다 공空함

보살 여시이익중생 이무아상 중생상
菩薩이 如是利益衆生호대 而無我想과 衆生想과

유상 명상 종종상 보특가라상 인상 마
有想과 命想과 種種想과 補特伽羅想과 人想과 摩

납파상 작자상 수자상
納婆想과 作者想과 受者想하고

"보살이 이와 같이 중생을 이익하게 하지만, 나라는 생각, 중생이란 생각, 있다는 생각, 목숨이란 생각, 여러 가지란 생각, 보특가라補特伽羅란 생각, 사람이란 생각, 마납파摩納婆란 생각, 짓는 이란 생각, 받는 이란 생각이 모두 없느니라.”

보시를 행하되 보시를 했다는 상을 떠난 것을 밝혔다. 상에는 주관으로서의 상과 객관으로서의 상이 있다. 이것을 인人과 법法이라 한다. 보특가라補特伽羅는 푸드갈라[24]의 음역이다. 생사윤회를 거듭하면서 여러 취趣를 거듭하여 왕래하는 것을 가리킨다. 특히 인간의 정신적 주체를 말한다. 마납파摩納婆[25]는 한역으로는 유동儒童, 연소年少, 인人, 장자長者, 선혜善慧, 연소정행年少淨行이라고 하는데 어린아이의 천진무구한 행동을 뜻한다.

단 관 법 계 중 생 계 무 변 제 법　　공 법　　무 소 유
但觀法界衆生界無邊際法과 **空法**과 **無所有**

법　무 상 법　　무 체 법　　무 처 법　　무 의 법　　무 작
法과 **無相法**과 **無體法**과 **無處法**과 **無依法**과 **無作**

---

24) 부특가라富特伽羅, 복가라福伽羅, 보가라補伽羅, 부가라富伽羅, 불가라弗伽羅, 부특가야富特伽耶, 인人, 중생衆生, 삭취취數取趣.

25) 또는 마납摩納, 마바바가摩婆婆迦, 마납바부가摩納婆嚩迦, 나라마나那羅摩那라고 음역한다.

법
法하나니라

"다만 법계와 중생계의 끝없고 경계가 없는 법과 공하다는 법과 있는 바가 없는 법과 형상 없는 법과 체體가 없는 법과 처소가 없는 법과 의지가 없는 법과 지음이 없는 법을 관찰하느니라."

보시를 행함에는 반드시 "삼륜三輪이 청정함을 관찰하라."는 말이 있다. 삼륜이란 보시하는 물건과 보시하는 사람과 보시를 받는 사람이다. 청정이란 텅 비어 공함을 뜻한다. 물건도, 주는 사람도, 받는 사람도 모두 텅 비어 공함을 관찰해야 비로소 보시를 할 줄 아는 사람이라고 할 수 있을 것이다. 그것이 진정 상을 떠난 보시이다.

(6) 인人과 법法이 공空한 이익을 밝히다

작 시 관 시　불 견 자 신　　불 견 시 물　　불 견
作是觀時에 **不見自身**하며 **不見施物**하며 **不見**

수 자　　　불 견 복 전　　　불 견 업　　　불 견 보　　　불 견
受者하며 不見福田하며 不見業하며 不見報하며 不見

과　　　불 견 소 과　　　불 견 대 과
果하며 不見小果하며 不見大果니라

"이런 관찰을 할 때에는 제 몸도 보지 않고, 보시하는 물건도 보지 않고, 받는 이도 보지 않고, 복밭도 보지 않고, 업業도 보지 않고, 과보果報도 보지 않고, 결과도 보지 않고, 작은 결과도 보지 않고, 큰 결과도 보지 않느니라."

보시를 행함에 흔히 삼륜이 텅 비어 공함을 관찰하지만 화엄경에서는 삼륜과 아울러 복전과 업과 과보와 작은 결과와 큰 결과까지 보지 않는다. 이와 같이 보아야 진정한 보시가 된다. 세상에 보시를 행하는 사람은 많으나 보살의 대승적 안목에서 보시를 이해하고 실천하는 사람은 적다. 십행 중 그 첫 환희행을 원만성취하려면 철저히 상을 떠난 보시로 인人과 법法이 모두 공해야 한다.

(7) 법의 보시를 행하기를 원하다

이시 보살 관 거 래 금 일 체 중 생 소 수 지 신
爾時에 **菩薩**이 **觀去來今一切衆生**의 **所受之身**이

심 즉 괴 멸 변 작 시 념 기 재 중 생 우 치
尋卽壞滅하고 **便作是念**호대 **奇哉**라 **衆生**이여 **愚癡**

무 지 어 생 사 내 수 무 수 신 위 취 부 정
無智하야 **於生死內**에 **受無數身**하야 **危脆不停**하야

속 귀 괴 멸 약 이 괴 멸 약 금 괴 멸 약 당 괴 멸
速歸壞滅이 **若已壞滅**하며 **若今壞滅**하며 **若當壞滅**

이 불 능 이 불 견 고 신 구 견 고 신
호대 **而不能以不堅固身**으로 **求堅固身**일새

"그때에 보살이 과거, 미래, 현재의 일체 중생의 받아 난 몸이 곧 소멸하는 것을 보고 문득 생각하되, '이상하다, 중생이여. 어리석고 지혜가 없어서 생사하는 속에서 수없는 몸을 받지마는 위태하고 연약하여 머물러 있지 못하고 속히 소멸하는데, 만약 이미 소멸하였거나 지금 소멸하거나 장차 소멸할 것이거늘, 마침내 견고하지 못한 몸으로써 견고한 몸을 구하지 못하는구나.'라고 하느니라."

보살이 일체 중생들의 받은 몸이 빨리 괴멸壞滅하는 것을 관찰하는 내용이다. 불교에는 수많은 선지식이 있다. 그중에서 가장 훌륭한 선지식은 스스로의 몸이 빨리 괴멸壞滅한다는 사실을 아는 것이다. 그러나 중생들은 신기하게도 어리석고 무지하여 느끼지 못하고 깨닫지 못한다. 이 몸은 위태롭고 연약하여 과거 현재 미래를 통해서 한순간도 머물지 않는 것이 마치 머리에 붙은 불이 타는 것과 같다. 그러나 그 문제에서 벗어나려 하지 않는다. 허망한 육신으로써는 견고한 법신을 구할 수 없는데도 육신에만 매달려 있다. 보살은 이러한 사실을 관찰하고 일체 지혜를 증득하여 중생들에게 무너지지 않는 법신의 이치를 설법하여 가르친다.

아 당 진 학 제 불 소 학　　증 일 체 지　　지 일 체
我當盡學諸佛所學하야 **證一切智**하며 **知一切**

법　　위 제 중 생　　설 삼 세 평 등 수 순 적 정 불 괴
法하고 **爲諸衆生**하야 **說三世平等隨順寂靜不壞**

법 성　　영 기 영 득 안 은 쾌 락　　　불 자　　시 명
法性하야 **令其永得安隱快樂**이라하나니 **佛子**야 **是名**

보 살 마 하 살   제 일 환 희 행
菩薩摩訶薩의 第一歡喜行이니라

　"또 '내가 마땅히 모든 부처님이 배우신 것을 모두 배우며, 일체 지혜를 얻어 일체 법을 알고는 모든 중생들을 위하여 삼세三世에 변함없이 평등한 적정을 따르는 무너지지 않는 법의 성품을 설하여 주어 그들로 하여금 편안한 쾌락을 얻게 하리라.' 하나니, 불자들이여, 이것이 이름이 보살마하살의 제1 환희행歡喜行이니라."

　보살은 어리석은 중생들을 깨우치려고 스스로 일체 지혜를 증득하고 일체 법을 알아서 삼세에 변함없으며 적정하여 괴멸하지 않는 법성의 이치를 설하여 준다. 괴멸하지 않는 법성이 참다운 자신이라는 사실을 깨달으면 영원한 안락을 얻게 될 것이다.

　물질을 보시하여 의식주의 문제를 해결하는 것도 중요하지만 불교가 진정으로 세상에 베풀어야 할 보시는 법을 보시하는 것이다. 한순간에 괴멸하고 마는 이 육신을 벗어나서 영원히 괴멸하지 않는 법성의 자리에서 영원히 편안하고 쾌락한 삶을 얻게 하는 것이 불교적 보시로써 환희하게 하는 것이다. 이것이 보살마하살의 제1 환희행歡喜行이다.

4) 제2 요익행饒益行

(1) 계戒를 가지는 행行을 밝히다

佛子야 何等이 爲菩薩摩訶薩의 饒益行고 此菩
薩이 護持淨戒하야 於色聲香味觸에 心無所着하고
亦爲衆生하야 如是宣說호대

"불자들이여, 어떤 것이 보살마하살의 요익행饒益行인
가. 이 보살이 깨끗한 계율을 수호하여 가지며, 빛과
소리와 냄새와 맛과 감촉에 대하여 마음이 집착하지 아
니하고, 또한 중생들을 위하여서도 이와 같이 말하느
니라."

제2 요익행은 지계바라밀이 주主바라밀이고 나머지 아홉

바라밀은 조助바라밀이 된다. 보살은 보시행을 하든 지계행을 하든 자신이 먼저 행하고 다음에는 반드시 중생들에게 설하여 준다. 계행을 가진다는 것은 5계와 10계와 10중 48계와 250계와 348계 등을 받아서 그 모든 조목들을 낱낱이 가지어 빛과 소리와 냄새와 맛과 감촉에 대하여 마음이 집착하지 않는 것이다. 만약 집착이 있으면 그것은 청정한 계를 가지는 것이 아니다. 지계持戒바라밀을 닦는 근본은 집착하지 않는 데 있다. 이것이 계를 가지는 행이다.

불구위세　　　불구종족　　　　불구부요　　　불구
不求威勢하며 **不求種族**하며 **不求富饒**하며 **不求**

색상　　　불구왕위　　　여시일체　　개무소착
色相하며 **不求王位**하야 **如是一切**에 **皆無所着**하고

단견지정계　　　작여시념
但堅持淨戒하야 **作如是念**호대

"권세를 구하지도 않고, 문벌을 구하지도 않고, 부귀를 구하지도 않고, 몸매를 구하지도 않고, 임금의 지위를 구하지도 아니하여, 이와 같은 일체 것에는 조금도

집착이 없고, 다만 청정한 계율을 견고하게 가지면서
이와 같이 생각하느니라."

　또 계를 가지는 바른 행으로서, 불법을 잘 배워 그것을
잘 실천한 뒤에 세속적인 부귀공명을 얻으려는 데 있지 않다
는 것을 밝혔다. 세속적인 부귀영화에는 일체 집착하는 바
가 없어야 한다. 이것이 또한 지계바라밀을 닦는 근본정신
이다.

아　지　정　계　　　필　당　사　리　일　체　전　박　　　탐　구　열　뇌
我持淨戒하야 **必當捨離一切纏縛**과 **貪求熱惱**와

제　난　핍　박　　　훼　방　난　탁　　　　득　불　소　찬　평　등　정　법
諸難逼迫과 **毁謗亂濁**하고 **得佛所讚平等正法**이라

하나니라

　"'내가 청정한 계율을 가지는 것은 반드시 온갖 얽힘
과 온갖 속박과 탐심과 시끄러움과 모든 재난과 핍박과
훼방과 탁란濁亂함을 버리고 부처님께서 찬탄하시는 평
등한 정법을 얻는 것이니라.' 라고 하느니라."

지계바라밀을 닦는 사람은 반드시 이와 같은 서원을 세워야 한다. "온갖 얽힘과 온갖 속박과 탐심과 시끄러움과 모든 재난과 핍박과 훼방과 탁란濁亂함을 버리고 부처님께서 찬탄하시는 평등한 정법을 얻는 것"을 맹세코 다짐해서 실천해야 그것이 계를 가지는 정신이다. 이와 같은 맹세도 없이 계율의 조목만 따진다면 결코 계를 지닌다고 할 수 없을 것이다.

(2) 섭율의계攝律儀戒

불자　　보살　　여시지정계시　　어일일중　　가
佛子야 菩薩이 如是持淨戒時에 於一日中에 假

사 무 수 백 천 억 나 유 타 제 대 악 마　　예 보 살 소
使無數百千億那由他諸大惡魔가 詣菩薩所호대

일 일 각 장 무 량 무 수 백 천 억 나 유 타 천 녀　　개 어
一一各將無量無數百千億那由他天女하야 皆於

오욕　　선 행 방 편　　단 정 주 려　　경 혹 인 심
五欲에 善行方便하며 端正姝麗하야 傾惑人心이라

집 지 종 종 진 완 지 구　　욕 래 혹 란 보 살 도 의
執持種種珍玩之具하고 欲來惑亂菩薩道意하나라

"불자들이여, 보살이 이와 같이 청정한 계율을 가질 적에, 하루 동안에 가령 수없는 백천억 나유타의 여러 큰 악마가 보살이 있는 곳에 나오면서, 저마다 각각 한량없고 수없는 백천억 나유타 천녀를 데리고 왔는데 모두 다섯 욕심에 대하여 방편을 잘 행하며, 단정하고 아름다워 사람의 마음을 미혹하게 하며, 갖가지 훌륭한 물건을 가지고 와서 보살의 도심道心을 혹란하고 어지럽게 하고자 하리라."

대승불교의 세 가지 기본적인 계법으로서 삼취정계三聚淨戒[26)가 있다. 곧 악을 막는 섭율의계攝律儀戒와 선을 행하는 섭선법계攝善法戒와 남에게 공덕을 베푸는 섭중생계攝衆生戒를 이르는 말이다. 그 삼취정계를 하나하나 설하는 내용이다. 첫째는 일반적인 계율을 잘 지키는 섭율의계다. 수많은 악마가 아름다운 천녀를 데리고 와서 수행자를 파계하도록 유

---

26) 섭율의계攝律儀戒·섭선법계攝善法戒·섭중생계攝衆生戒로 나뉜다. 섭율의계는 5계, 10계, 250계, 348계 등 일정하게 제정된 여러 규율위의規律威儀 등을 통한 윤리기준이고, 섭선법계는 선한 것이라면 무엇이든지 총섭하는 선량한 마음을 기준으로 하는 윤리원칙이며, 섭중생계는 일체의 중생을 제도한다는 대원칙에 따르는 윤리기준이다.

혹한다. 또 욕심이 나기 쉬운 훌륭한 물건을 가지고 와서 도심이 흐리도록 유혹한다. 이러한 경계를 만났을 때, 보고 듣고 냄새 맡고 맛보고 감촉으로 느끼는 다섯 가지 욕망을 잘 단속하여 흔들리지 않아야 한다.

이 계율은 대승불교의 화엄경, 범망경梵網經, 유식론唯識論 등에 근거한 것으로, 대승, 소승, 출가인과 재가인에 관계없이 모두 다 이 계를 받게 된다. 따라서 5계, 10계 등을 받는 것을 별수別受라고 하는 데 대해 삼취정계를 받는 것은 총수總受라고 한다.

이 계는 스승에게 받는 경우도 있지만 스스로 불전佛前에 나아가서 유식론에 있는 대로 "곧바로 소응小應의 이법離法을 멀리 여의겠습니다. 곧바로 증證하여야 될 법을 닦아 증하겠습니다. 곧바로 일체 유정들을 널리 이익되게 하겠습니다."라고 서원하면 곧 계를 받는 것이 된다.

우리나라에서는 신라의 원효元曉, 의적義寂, 대현大賢 등이 그들의 저술에서 이 계율에 대하여 해설한 바 있는데, 그 가운데 원효의 범망경보살계본사기梵網經菩薩戒本私記에 가장 상세하게 기술되어 있다.

원효는 섭율의계와 섭선법계만 있고 섭중생계가 없다고 한다면, 오로지 자리행自利行만 있는 것이 되어 이승二乘에 머무를 뿐이라고 하였다. 그리고 섭중생계만 있으면 이타행利他行만 있고 자리행이 없게 되는 까닭에, 범부와 다를 바 없는 것이 되어 보리菩提의 싹을 돋아나게 할 수 없다고 하였다. 그리고 삼취정계를 다 갖추면 무상보리無上菩提의 열매를 감득할 수 있고, 이 삼취정계야말로 불사약인 감로甘露라고 하였다. 그리고 삼취정계 가운데 섭율의계는 단斷의 덕목德目이고, 섭선법계는 지智의 덕목이며, 섭중생계는 은恩의 덕목이기 때문에 이 삼덕의 과果를 얻으면 그것이 곧 정각正覺을 이루는 길이라고 하였다. 또한 이 삼취정계를 간직함에 따라 중생과 자기의 내심에 갖추고 있는 불성佛性, 여래장如來藏, 본각本覺, 불과佛果를 볼 수 있게 됨을 강조하였다.

이시   보살   작여시념   차오욕자   시장
爾時에 **菩薩**은 **作如是念**하되 **此五欲者**는 **是障**

도법   내지장애무상보리   시고불생일념
道法이라 **乃至障礙無上菩提**라하여 **是故不生一念**

욕상   심정여불
欲想하야 **心淨如佛**이니라

　"이때에 보살은 이렇게 생각하되 '이 다섯 욕심은 도
를 장애하는 것이며, 가장 높은 깨달음까지도 장애하는
것이라.'하여 잠깐도 탐욕을 내지 아니하고 깨끗한 마
음이 부처님과 같으니라."

　계율이란 스스로 마음을 잘 단속하여 도에 장애가 일어
나지 않도록 하는 일이다. 그러려면 스스로를 다스리는 자
기만의 주문이 있어야 한다. '다섯 욕심은 도를 장애하는 것
이며, 가장 높은 깨달음까지도 장애하는 것이니 삼가고 또
삼가라.' 이와 같은 주문呪文으로 스스로를 잘 지켜야 한다.

(3) 섭중생계攝衆生戒

유 제 방 편　　　 교 화 중 생　　　 이 불 사 어 일 체 지 심
唯除方便으로 **敎化衆生**호대 **而不捨於一切智心**

이니라

"오직 방편으로 중생을 교화하되 일체 지혜의 마음
을 버리지 않는 것은 제외하느니라."

섭중생계攝衆生戒란 어떤 경우라도 중생의 이익을 위하는
일이라면 그것을 우선으로 하는 게이다. 계도 결국에는 중
생의 이익을 위해 시설한 방편이기 때문이다. 그래서 설사 계
율을 중요시하더라도 중생을 교화하여 일체 지혜를 얻게 하
기 위한 방편이라면 일시적 파계는 가능하다는 이론이다. 이
것이 중생을 섭수하는 계다.

불 자　　 보 살　　 불 이 욕 인 연 고　　　 뇌 일 중 생
佛子야 **菩薩**이 **不以欲因緣故**로 **惱一衆生**이니

영 사 신 명　　　　 이 종 부 작 뇌 중 생 사
寧捨身命이언정 **而終不作惱衆生事**하나니라

"불자들이여, 보살은 탐욕으로 인하여서는 한 중생도 괴롭게 하지 아니하나니, 차라리 목숨을 버릴지언정 마침내 중생을 괴롭게 하는 일을 짓지 아니하느니라."

사람을 괴롭게 하여 자신의 이익을 얻으려는 이가 얼마나 많은가. 중생을 괴롭히면서 자신은 편안하려고 하는 사람은 또 얼마나 많은가. 심지어 온갖 생명을 빼앗으면서까지 자신의 이익이나 나라의 이익을 삼으려는 사람은 또 얼마나 많은가. 보살은 차라리 자기의 목숨을 버릴지언정 그와 같은 일은 하지 않는다.

보살   자득견불이래   미증심생일념욕상

菩薩이 **自得見佛已來**로 **未曾心生一念欲想**이

하황종사   약혹종사   무유시처

어든 **何況從事**아 **若或從事**인댄 **無有是處**니라

"보살이 부처님을 친견한 후로는 일찍이 잠깐도 탐욕하는 생각을 내지 아니하였는데, 어찌 하물며 실제로 일을 행할까 보냐. 혹시 그런 일을 행한다는 것은 있을

수 없느니라."

평범한 사람으로서도 불교를 알고부터는 모든 것을 참다운 이치[眞理]대로 살아야 한다. 참다운 이치에 어긋나는 탐욕의 생각을 내면 그는 불자라고 할 수 없다. 탐욕에 대한 생각도 하지 않아야 하는데, 하물며 욕심을 채우려고 실제의 행동에 옮겨서야 되겠는가. 불교를 믿는 사람으로서 있을 수 없는 일이다.

이 시　　보 살　　단 작 시 념　　　일 체 중 생　　　어 장
爾時에 菩薩이 但作是念호대 一切衆生이 於長

야 중　　상 념 오 욕　　　취 향 오 욕　　　탐 착 오 욕
夜中에 想念五欲하며 趣向五欲하며 貪着五欲하며

기 심 결 정　　탐 염　　침 닉　　수 기 유 전　　부 득
其心決定하며 耽染하며 沈溺하며 隨其流轉하며 不得

자 재
自在하나니

"그때 보살은 이렇게 생각하나니, '일체 중생이 오랜

세월에 다섯 욕심을 생각하고, 다섯 욕심으로 향하여
나아가고, 다섯 욕심을 탐착하면서, 그 마음에 결정하
여 물들고 빠져서 그를 따라 헤매고 자재함을 얻지 못
하는 것이니라.'"

보살이 중생들을 바라볼 때 중생들은 이와 같이 살고 있
음을 생각한다. 다섯 욕심이란 눈은 좋은 것만 보려 하고,
귀는 좋은 소리만 들으려 하고, 코는 좋은 향기만 맡으려 하
고, 혀는 좋은 맛만 보려 하고, 몸은 좋은 감촉만 닿게 하려
는 것이다. 이 다섯 가지를 하고자 하는 대로 욕심을 채우려
고 생각하고, 생각한 것을 행동으로 옮기고, 행동으로 옮겨
서 끝내 욕심을 채우고 마는 것이다. 그래서 결국에는 그것
에 빠져 헤어나지 못하고 그것만을 찾아서 흘러다닌다. 이
것이 어리석고 미혹한 중생들의 삶이다. 중생들의 삶의 현실
을 보살이 굽어보고는 아래와 같은 서원을 세운다.

아 금 응 당 영 차 제 마　　급 제 천 녀　　일 체 중 생
我今應當令此諸魔와 **及諸天女**와 **一切衆生**으로

대방광불화엄경 강설

住無上戒_{하고} 住淨戒已_{하야는} 於一切智_에 心無退

轉_{하야} 得阿耨多羅三藐三菩提_{하며} 乃至入於無

餘涅槃_{케호리라} 何以故_오 此是我等_의 所應作業_{이라}

應隨諸佛_{하야} 如是修學_{이니라}

"'내 이제 마땅히 이 마군과 천녀와 모든 중생들로 하여금 가장 높은 계율에 머물게 할 것이며, 청정한 계율에 머문 뒤에는 일체 지혜에 마음이 퇴전하지 않게 하여 아뇩다라삼먁삼보리를 얻으며, 내지 무여열반無餘涅槃에 들게 할 것이니라. 왜냐하면 이것은 우리가 마땅히 행해야 할 일이니라. 부처님을 따라서 이렇게 배워야 할 것이니라.'고 하느니라."

보살이 중생들을 보고 하는 맹세의 생각은 계속된다. '중생들의 마음을 흐리게 하고 잘못을 저지르게 하는 마군이나 천녀나 또는 그 마군과 천녀를 보고 욕심으로 허덕이는 중생들 모두에게 가장 높은 계戒에 머물게 해야 한다. 가장 높은 계에 머물면 곧 일체 지혜에 마음이 물러서지 않고 끝내는 최상의 깨달음을 얻게 될 것이다. 이것은 보살로서 우리가 마땅히 행해야 할 일이다. 그리고 부처님을 따라서 이렇게 배워야 할 것이다.'라는 맹세의 생각을 한다.

마군과 천녀와 중생에게 머물게 한다는 가장 높은 계[無上戒]란 심계心戒며 불계佛戒 또는 보살계菩薩戒이다. 이 계는 사람이 곧 부처님이라는 인불사상人佛思想의 계다. 이 사상은 불교를 믿고 공부하는 데 있어서 가장 중요한 정신이며, 근본이며, 안목이다. 불교 안에서 무엇을 하든 인불사상이 갖춰지고 난 뒤라야 그것이 밝은 눈이 되어 불교의 바른길을 갈 수 있게 된다. 불교의 가르침에서는 어떤 삶을 사는 사람이든지 그 근본은 곧 부처님이라고 보는 것이 기본원칙이며 밝은 눈이다. 마군과 천녀와 중생을 마음과 부처와 중생 이 셋은 차별이 없는 동등한 것이라는 계[心戒, 佛戒]에 머물게 한다는 것이다.

(4) 섭선법계攝善法戒

작 시 학 이　　이 제 악 행　　계 아 무 지　　　이 지 입
作是學已에 **離諸惡行**과 **計我無知**하고 **以智入**

어 일 체 불 법　　위 중 생 설　　영 제 전 도
於一切佛法하야 **爲衆生說**하야 **令除顚倒**라하나니라

"이렇게 배우고는 모든 나쁜 행동과 '나'라고 고집하는 무지無知를 떠나고, 지혜로 일체 부처님 법에 들어가서 중생을 위해 법을 설하여 전도顚倒를 버리게 하느니라."

섭선법계攝善法戒란 선한 것이라면 무엇이든지 총섭總攝하는 선량한 마음을 기준으로 하는 윤리원칙이다. 계율을 배워 익히고, 다시 중생의 이익을 우선으로 하는 이치를 배우고, 그리고 다시 선한 일을 세상에 널리 퍼서 자신과 타인을 함께 이롭게 하는 가르침이다. 먼저 악을 멀리해야 한다. 다음은 자기 고집에 머물러 있는 무지한 삶을 떠나야 한다. 무지한 삶이란 일체 법이 허망하다는 사실을 모르고 그 속에서 취생몽사하는 삶을 뜻한다. 이것을 아는 것이 선한 법이다. 그렇게 되면 지혜로써 일체 불법에 들어가 중생들에게 설

법하여 진리와는 거꾸로 뒤바뀐 전도된 삶을 벗어나게 한다.

연지불리중생　유전도　불리전도　유
然知不離衆生하고 有顚倒요 不離顚倒하고 有

중생　불어전도내　유중생　불어중생내
衆生이며 不於顚倒內에 有衆生이요 不於衆生內에

유전도　역비전도　시중생　역비중생　시
有顚倒며 亦非顚倒가 是衆生이요 亦非衆生이 是

전도　전도　비내법　전도　비외법　중생
顚倒며 顚倒가 非內法이요 顚倒가 非外法이며 衆生이

비내법　중생　비외법
非內法이요 衆生이 非外法이라

"그러나 중생을 떠나서 전도顚倒가 있지 않고, 전도를 떠나서 중생이 있지도 않느니라. 전도 속에 중생이 있지도 않고, 중생 속에 전도가 있지도 않느니라. 또한 전도가 곧 중생도 아니고, 또한 중생이 곧 전도도 아니니라. 전도가 안[內]의 법도 아니고, 전도가 밖의 법도 아니며, 중생이 안의 법도 아니고, 중생이 밖의 법도 아닌 줄을 아느니라."

전도란 참되고 바른 이치와는 거꾸로 뒤바뀐 삶을 말한다. 그것은 곧 미혹한 중생들의 삶이다. 그래서 중생과 전도는 함께한다. 그렇다고 해서 전도 속에 중생이 있는 것도 아니고 중생 속에 전도가 있는 것도 아니다. 분석해 들어가면 중생도 전도도 모두가 텅 비어 공적한 것이다.

一切諸法이 虛妄不實하야 速起速滅하야 無有
堅固호미 如夢如影하며 如幻如化하야 誑惑愚夫하나니
如是解者는 卽能覺了一切諸行이라 通達生死와
及與涅槃하야 證佛菩提하야

"일체 모든 법이 허망하고 진실하지 못하여 잠깐 일어났다 잠깐 없어지는 것이요, 견고하지 못하여 꿈과 같고 그림자 같고 환영과 같고 변화함과 같아서 어리석은 범부를 속이고 미혹하게 하는 것이니라. 이와 같이 아는 사람은 곧 일체 모든 행을 깨달아 나고 죽는 일과 열반을 통달하여 부처님의 보리를 증득하느니라.”

　불교의 기본을 밝혔다. 즉 불교의 기본으로 일체 법이 허망하여 진실하지 못하고 순식간에 변화한다는 것을 알아야 한다. 다음으로 허망한 것은 괴로운 것이라는 사실을 알아야 한다. 다음으로 모든 존재는 합성된 것이라서 변하지 않는 주체가 없다는 사실을 알아야 한다. 이 세 가지 진리를 알면 생사와 열반이 하나임을 통달하여 부처님이 깨달으신 보리를 증득하게 된다.[27]

　“어리석은 범부를 속이고 미혹하게 한다.”라는 말에 청량스님은 “사실인즉 어리석은 범부가 스스로 속는 것이 마치 원숭이가 달을 집착하는 것과 같다. 원숭이가 달을 집착하는 것과 같다는 것은 달이 어찌 마음이 있어서 원숭이를 속이겠는가. 어리석은 범부가 허망한 것을 집착하여 실재하는 것으로 삼으니 스스로 속는 것이 분명하도다.”[28]라고 하였다.

---

27) 諸行無常 一切皆苦 諸法無我 涅槃寂靜.

28) 實則愚夫自誑. 若獮猴執月【實則愚夫自誑】者：如獮猴執月. 月豈有心誑獮猴耶. 愚夫執虛為實, 明是自誑.

원숭이가 물에 비친 달을 실재하는 것이라고 착각하여 그림자 달을 건져서 부처님께 공양하려다가 모두 물에 빠졌다는 설화를 이끌어 온 것이다. 범부들이 현상을 보고 착각하는 것도 이와 같다. 그림자인 현상에 속아서 그 그림자를 건지려고 하다가 물에 빠져 목숨을 잃는 것에 비유하였다.

자 득 도　　영 타 득 도　　자 해 탈　　영 타 해 탈
自得度하고 **令他得度**하며 **自解脫**하고 **令他解脫**

자 조 복　　영 타 조 복　　자 적 정　　영 타 적 정
하며 **自調伏**하고 **令他調伏**하며 **自寂靜**하고 **令他寂靜**

자 안 은　　영 타 안 은　　자 이 구　　영 타 이 구
하며 **自安隱**하고 **令他安隱**하며 **自離垢**하고 **令他離垢**

자 청 정　　영 타 청 정　　자 열 반　　영 타 열 반
하며 **自淸淨**하고 **令他淸淨**하며 **自涅槃**하고 **令他涅槃**

자 쾌 락　　영 타 쾌 락
하며 **自快樂**하고 **令他快樂**이니라

"스스로 제도하고 남을 제도하게 하며, 스스로 해탈하고 남을 해탈케 하며, 스스로 조복하고 다른 이를 조복케 하며, 스스로 고요하고 다른 이를 고요하게 하며,

스스로 안온安穩하고 남을 안온케 하며, 스스로 때를 여
의고 남도 때를 여의게 하며, 스스로 청정하고 남도 청
정케 하며, 스스로 열반하고 남도 열반케 하며, 스스로
쾌락하고 남도 쾌락케 하느니라."

생사와 열반이 하나임을 통달하여 부처님이 깨달으신
보리를 증득하게 되면 자신도 이롭고 남도 이로운 자리自利
와 이타利他가 저절로 이뤄진다. 제도, 해탈, 조복, 적정, 안
온, 이구離垢, 청정, 열반, 쾌락 등을 그와 내가 다 같이 누리
게 된다.

(5) 더욱 수승한 행을 닦을 것을 생각하다

불자　　차보살　　부작시념　　　아당수순일체
佛子야 此菩薩이 復作是念호대 我當隨順一切

여래　　　이일체세간행　　구일체제불법　　　주
如來하야 離一切世間行하며 具一切諸佛法하며 住

무상평등처　　　등관중생　　　명달경계　　　이제
無上平等處하며 等觀衆生하며 明達境界하며 離諸

過失_{하며} 斷諸分別_{하며} 捨諸執着_{하며} 善巧出離_{하며}

"불자들이여, 이 보살이 다시 이렇게 생각하되 '나는 마땅히 일체 여래를 따라서 일체 세간의 행을 여의며, 일체 부처님 법을 갖추며, 가장 높은 평등한 곳에 머물며, 중생을 평등하게 보며, 경계를 밝게 통달하며, 모든 허물을 여의며, 모든 분별을 끊고, 모든 집착을 버리고, 공교하게 뛰어나리라.' 하느니라."

보살은 평소에 무슨 생각을 하며 살까? 보살은 불교에서 가장 이상적인 삶을 살아가는 삶의 본보기다. 그들은 이와 같이 생각하며 산다. "공교하게 뛰어나다."는 것은 생사의 고통에서 능숙하게 뛰어나 해탈을 누리는 것이다.

心恒安住無上無說無依無動無量無邊無盡

無色甚深智慧_{라하나니} 佛子_야 是名菩薩摩訶薩_의

 "'마음은 항상 위없고, 말할 수 없고, 의지할 데 없
고, 변동이 없고, 한량없고, 한이 없고, 끝나지 않고, 모
양이 없고, 깊고 깊은 지혜에 머물리라.' 하리니, 불자
들이여, 이것이 이름이 보살마하살의 제2 요익행饒益行
이니라."

 보살은 또 생각하기를 '부처님의 깊고 깊은 지혜에 머물
것이다.'라고 한다. 불교 수행의 궁극은 부처님이 깨달으신
지혜에 있으므로 그 지혜를 여러 가지로 수식하여 설명하였
다. 중생을 이익하게 한다는 보살의 제2 요익행을 설명하여
마쳤다.

5) 제3 무위역행無違逆行

(1) 인욕행을 밝히다

불자   하등   위보살마하살   무위역행   차
佛子야 **何等**이 **爲菩薩摩訶薩**의 **無違逆行**고 **此**

보살　　상수인법　　　겸하공경　　　부자해　　　불
菩薩이 常修忍法하야 謙下恭敬하야 不自害하고 不

타해　　　불양해　　　부자취　　　불타취　　　불양
他害하고 不兩害하며 不自取하고 不他取하고 不兩

취　　부자착　　　불타착　　　불양착
取하며 不自着하고 不他着하고 不兩着하며

"불자들이여, 어떤 것이 보살마하살의 무위역행無違逆行인가. 이 보살이 항상 인욕忍辱하는 법을 닦아 겸손하고 공경하여 스스로를 해치지 않고, 남을 해치지 않고, 둘 다 해치지 않으며, 스스로 탐하지 않고, 남을 탐하게 하지 않고, 둘 다 탐하지 않으며, 스스로 집착하지 않고, 남을 집착하게 하지 않고, 둘 다 집착하지 아니하느니라."

제3 무위역행無違逆行이란 자신의 마음을 어기고 거스르는 일이 앞에 나타나더라도 잘 참고 소화해서 어기고 거스름이 없는 행이다. 인욕바라밀이 주바라밀이 되고 다른 아홉 가지 바라밀은 조바라밀이 된다. 불문에 출가하여 행자 생활을 할 때 가장 먼저 강조하는 것이 하심下心이다. 참고 겸손하고 남을 공경하며 하심한다면 자신을 해치지 않고 다른 사람도 해치지 않게 된다. 그것은 곧 무탐욕과 무집착으로 연결되어 나와 남의 관계가 화목하고 친밀하게 된다.

사람의 삶에서 어떤 사실의 옳고 그름을 결정 짓기보다는 친화가 우선이다. 교육에 있어서도 선정후교先情後敎라고 하여 듣는 사람들과 먼저 정감을 나누고 뒤에 가르친다고 한다. 예컨대 가족들끼리 남이 한 일에 대해서 옳고 그름을 이야기하는 것이 무슨 의미가 있겠는가. 정감과 화목 넘치는 대화가 중요할 뿐이다.

역불탐구명문이양　　단작시념　　아당상위
亦不貪求名聞利養하고 **但作是念**호대 **我當常爲**

중생설법　　영리일체악　　단탐진치　　교만
衆生說法하야 **令離一切惡**하며 **斷貪瞋癡**와 **憍慢**

부장　간질첨광　　영항안주인욕유화
覆藏과 **慳嫉諂誑**하야 **令恒安住忍辱柔和**라하나니라

"또한 명예와 이양利養도 구하지 아니하고, 다만 이런 생각을 하나니 '내가 마땅히 항상 중생에게 법을 설하

여 그들로 하여금 일체 나쁜 짓을 여의고 탐욕, 성내는 일, 어리석음, 교만, 감추는 일, 간탐, 질투, 아첨, 속임을 끊게 하여 항상 인욕과 부드럽고 화평하는 데 머물게 하리라.'하느니라.”

하심하고 겸손하고 공경하게 되면 명리를 탐하지도 않고, 이양을 탐하지도 않고, 모든 것을 사양하고 양보하게 된다. 보살은 오로지 중생을 위하여 정법으로 설법하여 일체 악을 떠나게 하며 탐욕, 성내는 일, 어리석음, 교만, 자기 허물을 감추는 일, 아끼고 탐하는 일, 질투, 아첨, 남을 속이는 일을 끊게 하여 항상 인욕에 머물게 한다.

(2) 원한과 침해를 참는 인욕 수행

불자 보살 성취여시인법 가사유백천억
佛子야 **菩薩**이 **成就如是忍法**에 **假使有百千億**

나유타아승지중생 내지기소 일일중생
那由他阿僧祇衆生이 **來至其所**하야 **一一衆生**이

화 작 백 천 억 나 유 타 아 승 지 구　　　일 일 구　　출 백
化作百千億那由他阿僧祇口하고 **一一口**에 **出百**

천 억 나 유 타 아 승 지 어
千億那由他阿僧祇語호대

"불자들이여, 보살이 이와 같이 인욕하는 법을 성취
하면, 가령 백천억 나유타 아승지 중생이 그곳에 오는
데, 중생마다 백천억 나유타 아승지 입을 변화하여 만
들어 낱낱 입으로 백천억 나유타 아승지 말을 한다고
하자."

원한과 침해를 참는 인욕 수행은 먼저 무수한 사람들의
무수한 비난을 듣더라도 잘 참고 소화해서 마음에 남겨 두
지 않는 수행이다. 비난이나 나쁜 말을 듣고 마음에 어기거
나 거스르지 않는 훈련부터 쌓아야 더 어려운 수행을 할 수
있다.

소 위 불 가 희 어　　비 선 법 어　　불 열 의 어　　불 가
所謂不可喜語와 **非善法語**와 **不悅意語**와 **不可**

애어　　비인현어　　비성지어　　비성상응어　　비
愛語와 **非仁賢語**와 **非聖智語**와 **非聖相應語**와 **非**

성친근어　　심가염오어　　불감청문어　　이시언
聖親近語와 **深可厭惡語**와 **不堪聽聞語**니 **以是言**

사　　훼욕보살
詞로 **毀辱菩薩**하며

　　"이른바 기쁘지 못한 말, 선하지 못한 말, 반갑지 않은 말, 사랑할 수 없는 말, 어질지 못한 말, 성인의 지혜가 아닌 말, 성현과 맞지 않는 말, 성현에게 친근할 수 없는 말, 매우 싫은 말, 차마 들을 수 없는 말들이다. 이런 말로 보살을 헐뜯어 욕한다고 하자."

　　마음에 맞지 않고 내 마음을 거스르는 말들을 열거하였다. 마음에 맞지 않는 말의 종류도 참으로 많다. 우리는 세상을 살다 보면 별의별 말을 다 듣게 된다. 특히 요즘 같은 말세에는 민주주의니 자유주의니 하여 해서는 안 될 말들까지 얼마나 많이 하는지, 차마 다 들을 수가 없다. 고인들은 삼사일언三思一言이라고 하여 말 한마디에 세 번을 생각하고 하라고 경계하였다. 구시화문口是禍門이다. 입은 재앙을 불러 오는 문이다. 삼가고 또 삼가야 한다.

우차중생 일일각유백천억나유타아승지
又此衆生이 一一各有百千億那由他阿僧祇

수 일일수 각집백천억나유타아승지기장
手호대 一一手에 各執百千億那由他阿僧祇器仗

핍해보살 여시경어아승지겁 증무휴
하고 逼害菩薩하야 如是經於阿僧祇劫토록 曾無休

식
息하면

"또 이 중생들이 저마다 백천억 나유타 아승지 손을 가졌고, 손마다 각각 백천억 나유타 아승지 병장기를 들고 보살을 박해하기를 아승지 겁이 지나도록 하여 일찍이 쉬지 아니한다고 하자."

인욕을 닦는 데 어디 말뿐이겠는가. 사람을 해치는 데는 말과 함께 칼이나 창이나 막대나 손과 발로 박해하는 일도 자주 있다. 이 모든 것을 참고 견디어 마음에 거스르지 않고 다 참아 소화하는 것이 보살의 길이다.

보살 조차극대초독 신모개수 명장욕
菩薩이 遭此極大楚毒하야 身毛皆竪하야 命將欲

단 작시념언 아인시고 심약동란
斷이라도 作是念言호대 我因是苦하야 心若動亂이면

즉자부조복 자불수호 자불명료 자불
則自不調伏하며 自不守護하며 自不明了하며 自不

수습 자부정정 자부적정 자불애석
修習하며 自不正定하며 自不寂靜하며 自不愛惜하며

자생집착 하능영타 심득청정
自生執着하리니 何能令他로 心得淸淨이리오하나니라

"보살이 이렇게 극심한 고초를 당하여 머리카락이 곤 두서고 생명이 끊어지려고 하더라도 생각하기를, '내가 이만한 고통으로 마음이 흔들리면, 자기를 조복하지 못 하고, 자기를 수호하지 못하고, 스스로 분명히 알지 못 하고, 스스로 닦지 못하고, 스스로 바르게 정하지 못하 고, 스스로 고요하지 못하고, 스스로 아끼지 못하여, 스스로 집착을 내는 것이니, 어떻게 다른 이의 마음을 청 정하게 할 수 있겠는가?'라고 하느니라."

보살의 인욕바라밀 수행이란 참으로 무서운 결심이다.

극심한 고초를 당하여 머리카락이 곤두서고 목숨이 끊어지는 듯한 경우라도 결코 원망하거나 후회하지 않고, 그 마음이 흔들리지 않으며 끝까지 견디어 낸다. 스스로를 자책할 뿐이다. 오직 다른 사람들의 마음을 청정하게 하려는 생각 뿐이다. 보살의 인욕행의 참모습이다.

(3) 고통을 편안히 받아들이는 인욕 수행

菩薩이 爾時에 復作是念호대 我從無始劫으로 住

於生死하야 受諸苦惱라하야 如是思惟하고 重自勸勵

하야 令心淸淨하야 而得歡喜하며 善自調攝하야 自能

安住於佛法中하고 亦令衆生으로 同得此法이니라

"보살이 이때에 다시 또 생각하기를 '내가 끝없는 옛적부터 생사 속에 있으면서 모든 고통을 받았도다.' 하고는 다시 정신을 가다듬어 마음이 청정하여 환희하

여지고, 스스로 잘 조화하고 거두어들여서 불법 가운데
편안히 머물고, 또 중생으로 하여금 이러한 법을 얻게
하느니라.”

이 세상 누구나 끝없는 옛적부터 생사 속에 있으면서 모
든 고통을 받았으나 중생은 어제 일도 잊고 산다. 다행인지
불행인지 알 수 없으나 잊을 것은 잊어야 하고 잊지 않아야
할 것은 잊지 않아야 한다. 그래야 귀감이 되어 미래를 보다
더 잘 살 수 있을 것이다. 자신이 받은 고통을 생각하여 다
른 중생들은 그와 같은 고통을 받지 않도록 온갖 방편으로
법을 베풀어야 할 것이다.

(4) 법의 이치를 관찰하는 인욕 수행

부갱사유　　차신　공적　무아아소　　무
復更思惟호대 **此身**이 **空寂**하야 **無我我所**하며 **無**

유진실　　성공무이　　약고약락　개무소유
有眞實하며 **性空無二**하며 **若苦若樂**이 **皆無所有**하니라

“다시 생각하기를 ‘이 몸은 공한 것이어서 나도 없

고 내 것도 없으며, 진실하지 아니하고 성품이 공하여 둘이 없으며, 괴롭고 즐거움이 모두 없는 것이니라.'"

보살이 생각한 것은 인생의 고苦와 공空과 무상無常과 무아無我를 밝힌 내용이다. 인생은 괴로운 것이며, 공한 것이며, 무상한 것이며, 아무런 주체가 없는 합성된 것이라는 관점은 불교의 기본적인 견해이다.

제법공고　　아당해료　　　광위인설　　　영제
諸法空故로 **我當解了**하야 **廣爲人說**하야 **令諸**

중생　　　멸제차견　　시고아금　　수조고독
衆生으로 **滅除此見**이라 **是故我今**에 **雖遭苦毒**이나

응당인수
應當忍受니라

"'모든 법이 공한 것을 내가 마땅히 이해하고 다른 이에게 널리 말하여 여러 중생들로 하여금 이런 소견을 없애게 할 것이니, 그러므로 내가 지금 비록 이런 고통을 당하여도 응당 참고 견디어야 할 것이다.'라고 하느니라."

한마디로 모든 법은 공한 것이다. 보살은 마땅히 알고 있으나 널리 다른 사람들을 위해 가르쳐서 이와 같은 인생의 실상을 모르는 모든 중생들의 소견을 없애 주기 위하여 숱한 고통을 능히 참고 응당 잘 받아들인다.

(5) 인욕을 수행하는 의미

위자념중생고　　요익중생고　　안락중생고
爲慈念衆生故며 饒益衆生故며 安樂衆生故며

연민중생고　　섭수중생고　　불사중생고　　자득
憐愍衆生故며 攝受衆生故며 不捨衆生故며 自得

각오고　　영타각오고　　심불퇴전고　　취향불도
覺悟故며 令他覺悟故며 心不退轉故며 趣向佛道

고　　　　시명보살마하살　제삼무위역행
故라하나니 是名菩薩摩訶薩의 第三無違逆行이니라

"중생을 사랑으로 염려하는 연고며, 중생에게 이익을 주려는 연고며, 중생을 안락케 하려는 연고며, 중생을 가엾이 여기는 연고며, 중생을 섭수하는 연고며, 중생을 버리지 않는 연고며, 스스로 깨달으려는 연고며, 다른 이를 깨닫게 하려는 연고며, 마음이 퇴전하지 않는 연고며, 부처님 도道에 향하여 나아가기 위한 연고라고 하나니, 이것이 이름이 보살마하살의 제3 무위역행無違逆行이니라."

보살은 그 어려운 인욕 수행을 왜 하는가? 그 까닭을 열 가지로 밝혔다. 그 근본 취지는 언제나 보살의 중생을 향한 뜨거운 자비심이다. 중생을 염려하고, 중생을 이익하게 하고, 중생을 안락하게 하고, 중생을 섭수하고, 궁극에는 중생들에게 부처님의 도에 나아가게 하려는 까닭이다.

6) 제4 무굴요행無屈撓行

(1) 열 가지의 정진

불자 하등 위보살마하살 무굴요행 차
佛子야 **何等**이 **爲菩薩摩訶薩**의 **無屈撓行**고 **此**

보살 수제정진 소위제일정진 대정진
菩薩이 **修諸精進**호대 **所謂第一精進**과 **大精進**과

승정진 수승정진 최승정진 최묘정진 상
勝精進과 **殊勝精進**과 **最勝精進**과 **最妙精進**과 **上**

정진 무상정진 무등정진 보변정진
精進과 **無上精進**과 **無等精進**과 **普徧精進**이니라

"불자들이여, 어떤 것이 보살마하살의 무굴요행無屈撓
行인가. 이 보살이 모든 정진을 수행하나니, 이른바 제
일 정진과 큰 정진과 수승한 정진과 특별히 수승한 정
진과 가장 수승한 정진과 가장 묘한 정진과 높은 정진
과 가장 높은 정진과 같을 이 없는 정진과 널리 두루 한
정진이니라."

무굴요행無屈撓行이란 굽히거나 구부러지거나 중단함이
없이 앞으로 또 앞으로 나아가는 수행이다. 그래서 정진바
라밀에 해당한다. 불교에서는 수많은 말 중에 정진이라는
말을 대단히 높이 산다. 정진에는 보통 정진, 가행加行정진,
용맹정진 등이 있다. 여기에서는 열 가지 정진을 열거하였
다. 수행에 있어서나 공부에 있어서나 농사를 짓거나 사업
을 하거나 끊임없이 나아가야 성공을 거둘 수 있다. 계속되
는 정진 없이 이뤄지는 일은 아무것도 없다. 나아가고 또 나

아가서 열 번을 거듭하였다.

(2) 과오를 떠나다

성 무 삼 독　　성 무 교 만　　성 불 부 장　　성 불
性無三毒하며 **性無憍慢**하며 **性不覆藏**하며 **性不**

간 질　　성 무 첨 광　　성 자 참 괴　　종 불 위 뇌 일
慳嫉하며 **性無諂誑**하며 **性自慚愧**하야 **終不爲惱一**

중 생 고　이 행 정 진
衆生故로 **而行精進**이요

"성품에 세 가지 독함이 없고, 성품에 교만이 없고, 성품에 덮어 숨김이 없고, 성품에 간탐과 질투가 없고, 성품에 아첨과 속임이 없고, 성품이 스스로 부끄러워함이니라. 마침내 한 중생이라도 괴롭게 하지 않기 위하여 정진을 행하느니라."

아무리 용맹정진을 하여 삼독을 제거하고 교만을 없애고 간탐과 질투를 없애려고 하더라도 우리들의 본성에는 본래로 그와 같은 것이 없다는 사실을 아는 것이 중요하다. 본래 없음을 알고 정진을 하는 것이 바른 정진이다.

육조단경에,

"마음 땅에 잘못이 없는 것이 자성의 계요

마음 땅에 어리석음이 없는 것이 자성의 지혜요

마음 땅에 산란함이 없는 것이 자성의 선정이요

더하지도 않고 줄지도 않는 것이 몸의 금강이요

몸이 오고 가는 것이 본래의 삼매라네."[29] 라고 하였다.

(3) 정진 수행의 20가지 이유

단 위 단 일 체 번 뇌 고   이 행 정 진   단 위 발 일
但爲斷一切煩惱故로 **而行精進**하며 **但爲拔一**

체 혹 본 고   이 행 정 진   단 위 제 일 체 습 기 고
切惑本故로 **而行精進**하며 **但爲除一切習氣故**로

이 행 정 진
而行精進하니라

"오직 일체 번뇌를 끊기 위하여 정진을 행하고, 오직

일체 번뇌의 근본을 뽑기 위하여 정진을 행하고, 오직

---

29) 心地無非自性戒 心地無痴自性慧 心地無亂自性定 不增不減身金剛 身去
身來本三昧. 〈단경壇經 참회품懺悔品〉

일체 습기習氣를 제하기 위하여 정진을 행하느니라.”

　먼저 세 구절은 번뇌와 미혹과 습기를 끊기 위해 정진함이다. 중생을 제도하려면 먼저 자신의 번뇌를 끊어야 하기 때문이다. 첫 구절은 현행現行을 끊고, 다음은 종자種子를 끊고, 다음은 습기習氣를 끊는 내용이다.

　지금 이 시간에도 전국 사찰의 모든 법당에는 열심히 정진하는 불자들로 꽉꽉 차 있다. 선원과 강원에도 정진하는 스님들이 적지 않다. 그뿐만 아니라 가정이나 토굴에서도 정진의 열기는 계속된다. 이들의 정진은 무엇을 위해서인가. 그것을 20가지로 정리하였다. 만약 다른 뜻이 있다면 여기에 밝힌 20가지에 합당하도록 그 뜻을 바로잡아야 한다. 오직 번뇌를 끊고, 번뇌의 근본을 뽑고, 일체 습기를 제거하기 위해서다. 오직 오직 이와 같은 일을 해결하기 위해서 정진한다.

　　단 위 지 일 체 중 생 계 고　　이 행 정 진　　　단 위 지
　　但爲知一切衆生界故로 而行精進하며 但爲知

대방광불화엄경 강설

일체중생   사차생피고   이행정진   단위지
一切衆生의 死此生彼故로 而行精進하며 但爲知

일체중생번뇌고   이행정진   단위지일체중
一切衆生煩惱故로 而行精進하며 但爲知一切衆

생심낙고   이행정진   단위지일체중생경계
生心樂故로 而行精進하며 但爲知一切衆生境界

고   이행정진   단위지일체중생   제근승렬
故로 而行精進하며 但爲知一切衆生의 諸根勝劣

고   이행정진   단위지일체중생심행고   이
故로 而行精進하며 但爲知一切衆生心行故로 而

행정진
行精進하니라

"오직 일체 중생의 세계를 알기 위하여 정진을 행하고, 오직 일체 중생이 여기서 죽어 저기 나는 것을 알기 위하여 정진을 행하고, 오직 일체 중생의 번뇌를 알기 위하여 정진을 행하고, 오직 일체 중생의 마음에 좋아함을 알기 위하여 정진을 행하고, 오직 일체 중생의 경계를 알기 위하여 정진을 행하고, 오직 일체 중생의 근성이 승勝하고 열劣함을 알기 위하여 정진을 행하고, 오직 일체 중생의 마음으로 행함을 알기 위하여 정진을

행하느니라.”

　다음 일곱 구절은 중생 제도를 위해 정진함을 밝힌 내용
이다. 일체 중생들의 갖가지 문제를 해결하기 위해서 정진한
다. 불교의 화두는 오직 중생이기 때문이다. 보살의 화두도
부처님의 화두도 오직 중생의 문제 해결이다. 이것이 부처님
의 마음이며, 보살의 마음이며, 불교의 마음이며, 화엄경의
마음이다.

단위지일체법계고　　이행정진　　단위지일
但爲知一切法界故로 而行精進하며 但爲知一

체불법근본성고　　이행정진　　단위지일체불
切佛法根本性故로 而行精進하며 但爲知一切佛

법평등성고　　이행정진　　단위지삼세평등성
法平等性故로 而行精進하며 但爲知三世平等性

고　　이행정진
故로 而行精進하며

　“오직 일체 법계를 알기 위하여 정진을 행하고, 오직

일체 불법의 근본 성품을 알기 위하여 정진을 행하고,
오직 일체 불법의 평등한 성품을 알기 위하여 정진을
행하고, 오직 삼세의 평등한 성품을 알기 위하여 정진
을 행하느니라."

네 구절은 법을 알기 위해 정진함을 밝혔다. 청량스님은,
"다음 네 구절 법을 아는 내용 중에 첫 구절은 총체적으로 해
석하였고, 다음은 따로따로 해석하였다. 따로 해석한 것은
사법계事法界와 이법계理法界와 사리무애법계事理無礙法界다."[30)]
라고 하였다.

단 위 득 일 체 불 법 지 광 명 고 　이 행 정 진 　　단
但爲得一切佛法智光明故로 **而行精進**하며 **但**

위 증 일 체 불 법 지 고　　이 행 정 진 　　단 위 지 일 체
爲證一切佛法智故로 **而行精進**하며 **但爲知一切**

---

30) 次, 有四句知法中 : 初總. 餘別 別中 : 一, 事法界 : 若自入法, 則以淨信爲
　　根本. 若約利他. 則以慈悲爲根本等 二卽理法界 : 云平等性 三, 事理無礙
　　法界 : 三世之事, 卽平等理性也. 事隨理融, 義含事事無礙.

불법일실상고　　이행정진　　단위지일체불법
佛法一實相故로 **而行精進**하며 **但爲知一切佛法**

무변제고　　이행정진　　단위득일체불법광대
無邊際故로 **而行精進**하며 **但爲得一切佛法廣大**

결정선교지고　　이행정진　　단위득분별연설
決定善巧智故로 **而行精進**하며 **但爲得分別演說**

일체불법구의지고　　이행정진
一切佛法句義智故로 **而行精進**이니라

"오직 일체 불법의 지혜 광명을 알기 위하여 정진을
행하고, 오직 일체 불법의 지혜를 증득하기 위하여 정
진을 행하고, 오직 일체 불법의 한결같은 실상을 알기
위하여 정진을 행하고, 오직 일체 불법의 끝닿는 데 없
음을 알기 위하여 정진을 행하고, 오직 일체 불법의 광
대하고 결정하고 공교한 지혜를 얻기 위하여 정진을 행
하고, 오직 일체 불법의 구절과 뜻을 분별하여 연설하
는 지혜를 얻기 위하여 정진을 행하는 것이니라."

여섯 구절은 불법을 구하기 위해 정진함을 밝혔다. 불법
이란 깨달음의 지혜 광명이며, 불법의 지혜를 증득함이며, 불
법의 실상實相이며, 불법의 무변함이며, 불법의 광대한 선교

지혜며, 법의 구절과 뜻을 분별하여 연설하는 지혜다. 이와 같은 것을 성취하기 위해서 정진하는 것이다. 세상에는 열심히 정진하는 사람이 많다. 그러나 무엇을 위해서 그렇게 열심히 정진하는가를 이 경문을 거울삼아 잘 반성해 보아야 할 것이다.

(4) 다시 문답으로 정진행을 밝히다

> 불자 보살마하살 성취여시정진행이 설
> **佛子**야 **菩薩摩訶薩**이 **成就如是精進行已**에 **設**

> 유인 언 여파능위무수세계 소유중생
> **有人**이 **言**호대 **汝頗能爲無數世界**의 **所有衆生**하야

> 이일일중생고 어아비지옥 경무수겁 비
> **以一一衆生故**로 **於阿鼻地獄**에 **經無數劫**토록 **備**

> 수중고 영피중생 일일득치무수제불
> **受衆苦**하야 **令彼衆生**으로 **一一得値無數諸佛**이

> 출흥어세 이견불고 구수중락 내지입
> **出興於世**하고 **以見佛故**로 **具受衆樂**하며 **乃至入**

> 어무여열반 여내당득아뇩다라삼먁삼보
> **於無餘涅槃**하야사 **汝乃當得阿耨多羅三藐三菩**

리　　　능 이 불 야　　　답 언 아 능
提하리니 **能爾不耶**아하면 **答言我能**이니라

　"불자들이여, 보살마하살이 이러한 정진행을 성취하고는, 가령 어떤 사람이 말하기를 '그대가 능히 무수한 세계에 있는 중생들을 위할 적에, 하나하나의 중생을 위하여 아비지옥에서 수없는 겁 동안에 모든 고통을 두루 받으면서 저 중생들로 하여금 낱낱이 수없는 부처님이 세상에 출현하심을 만나게 하고, 부처님을 친견한 연고로 여러 가지 낙을 받으며, 내지 무여열반에 들게 하고야 그대가 마땅히 아뇩다라삼먁삼보리를 얻으리니, 그렇게 할 수 있겠는가?' 하면, '나는 능히 그렇게 하겠노라.'고 대답하리라."

　지장보살은 서원의 보살이다. 지장보살의 서원은 세 가지로 요약된다. "중생을 다 제도하고 나서 그때에 비로소 깨달음을 이루겠다. 지옥의 중생들을 다 제도하여 지옥이 텅 비기 전에는 맹세코 성불하지 않겠다. 내가 지옥에 들어가서 지옥중생들을 제도하지 아니하면 누가 지옥에 들어갈 것인가."[31)]라는 것이다. 위의 경문을 정리하면 지장보살의 서

원으로 대신할 수 있다.

설부유인　작여시언　　유무량아승지대해
設復有人이 作如是言호대 有無量阿僧祗大海

　　여당이일모단　　적지영진　　유무량아승
어든 汝當以一毛端으로 滴之令盡하며 有無量阿僧

지세계　　진말위진　　피적급진　　일일수지
祗世界어든 盡末爲塵하고 彼滴及塵을 一一數之하야

실지기수　　위중생고　　경이허겁　　어염념
悉知其數하야 爲衆生故로 經爾許劫토록 於念念

중　수고부단　　보살　불이문차어고　이생
中에 受苦不斷이라도 菩薩이 不以聞此語故로 而生

일념회한지심　　단갱증상환희용약　　심자
一念悔恨之心하고 但更增上歡喜踊躍하야 深自

경행　　득대선리　　이아력고　　영피중생
慶幸호대 得大善利로다 以我力故로 令彼衆生으로

영탈제고
永脫諸苦하나라

---

31) 지장보살의 3대 서원. ① 衆生度盡方證菩提 ② 地獄未空誓不成佛 ③ 我不
　　入地獄誰入地獄(自未得度先度他의 정신이 곧 지장보살의 정신이다).

“또 다시 어떤 사람이 말하기를 '한량없는 아승지 큰 바닷물을 네가 한 털끝으로 찍어내어 다하게 하고, 한량없는 아승지 세계를 모두 부수어 먼지를 만들어서 그 물방울과 그 먼지를 낱낱이 세어 그 수효를 알고는, 중생을 위하여서 그렇게 많은 겁을 지나면서 생각 생각마다 고통 받기를 간단없이 하라.'고 하더라도, 보살이 이 말을 들었다고 해서 잠깐이라도 후회하는 마음을 내지 아니하고, 다시 더욱 환희용약歡喜踊躍하여 깊이 스스로 다행하게 생각하고 큰 이익을 얻노라 하면서, 나의 힘으로써 저 중생들로 하여금 모든 고통에서 영원히 벗어나게 하리라 하느니라.”

한량없는 아승지 큰 바닷물을 털끝으로 찍어서 헤아리고 또 한량없는 아승지 세계를 먼지로 만들어 그 두 가지의 숫자만큼 많은 겁 동안 중생을 위해서 고통을 받더라도 결코 후회하지 않는다는 뜻이다. 그뿐만 아니라 중생을 위한 일이라면 환희용약하여 오히려 큰 이익을 얻었다고 할 것이다. 이것이 중생을 위한 끝없는 정진이다. 이 경문을 한번 읽기만 하거나 듣기만 하더라도 보살의 중생을 위하는 마음이

대방광불화엄경 강설

어떠하다는 것을 깨닫고 무량대복을 받으리라. 실로 감동,
감동 또 감동이로다.

(5) 일체 중생에게 열반을 얻게 하다

보살 이차소행방편 어일체세계중 영
菩薩이 **以此所行方便**으로 **於一切世界中**에 **令**

일체중생 내지구경무여열반 시명보살
一切衆生으로 **乃至究竟無餘涅槃**하나니 **是名菩薩**

마하살 제사무굴요행
摩訶薩의 **第四無屈撓行**이니라

"보살이 이렇게 행하는 방편으로 일체 세계 일체 중생
으로 하여금 내지 구경에는 무여열반을 얻게 하나니, 이
것이 이름이 보살마하살의 제4 무굴요행無屈撓行이니라."

구경에 얻는 무여열반은 인간이 누릴 수 있는 최상의 안
락이다. 최상의 편안함이다. 일체 세계 일체 중생들로 하여
금 최상의 안락과 최상의 편안함을 누리게 하는 것, 그것이
인생에서 굽음이 없는 무굴요행이다.

7) 제5 이치란행離癡亂行

(1) 어리석음과 산란을 떠나는 행

불자 하등 위보살마하살 이치란행 차
佛子야 何等이 爲菩薩摩訶薩의 離癡亂行고 此

보살 성취정념 심무산란 견고부동
菩薩이 成就正念하야 心無散亂하며 堅固不動하며

최상청정 광대무량 무유미혹
最上淸淨하며 廣大無量하며 無有迷惑이니라

"불자들이여, 어떤 것이 보살마하살의 이치란행離癡亂行인가. 이 보살이 바른 생각을 성취하여 마음이 산란하지 않고 견고하여 동하지 아니하며, 가장 높고 청정하며, 넓고 크고 한량없어, 미혹하지 않느니라."

사람들의 마음이 잘 흔들리고 산란한 것은 생각이 바르지 못한 까닭이다. 생각이 바르면 태산부동으로 견고하다. 가장 청정하고 텅 빈 마음이 된다. 광대하고 무량해서 일체 미혹이 없다. 이것이 진정한 선정이다.

(2) 경계에 나아가도 어리석음과 산란함이 없다

이 시 정 념 고　　선 해 세 간 일 체 어 언　　능 지 출
以是正念故로 **善解世間一切語言**하고 **能持出**

세 제 법 언 설　　소 위 능 지 색 법 비 색 법 언 설
世諸法言說하나니 **所謂能持色法非色法言說**하며

능 지 건 립 색 자 성 언 설　　내 지 능 지 건 립 수 상 행
能持建立色自性言說과 **乃至能持建立受想行**

식 자 성 언 설　심 무 치 란
識自性言說에 **心無癡亂**하니라

"생각이 바름으로써 세간의 온갖 말을 잘 알고 출세간법의 말을 능히 지니나니, 이른바 색법色法과 색이 아닌 법의 말을 능히 지니며, 색의 자성을 건립하는 말을 능히 지니고, 내지 수受, 상想, 행行, 식識의 자성을 건립하는 말을 능히 지니어 마음이 우치하거나 산란하지 않느니라."

선정바라밀을 잘 닦으면 어떤 경계에 나아가도 어리석음과 산란함이 없다. 그 사실을 여러 가지 상황을 이끌어 예를 들었다. 선정이란 바른 생각[正念]이다. 바른 생각은 첫째 세간의 일체 말을 잘 이해하게 된다. 세간의 말을 잘 이해하면

능히 출세간 제법의 말을 이론 정립하게 된다. 색법色法과 색이 아닌 법의 말과 색의 자성을 건립하는 말을 이론 정립하게 된다. 색법뿐만 아니라 수受, 상想, 행行, 식識의 자성을 건립하는 말을 이론 정립하게 되어 마음이 우치하거나 산란하지 않게 된다. 설법을 하거나 설법을 듣기 전에 반드시 선정에 드는 까닭이 이것이다.

어 세 간 중 사 차 생 피　심 무 치 란　　입 태 출 태
於世間中死此生彼에 **心無癡亂**하며 **入胎出胎**에

심 무 치 란
心無癡亂하니라

"세간에 있어 여기서 죽고 저기에 태어나는 데 마음이 우치하거나 산란하지 않으며, 태胎에 들고 태에서 나오는 데 마음이 우치하거나 산란하지 않느니라."

사람이 정신을 잃고 산란하게 되는 경우 중에 죽을 때와 태어날 때가 있다. 어지간히 선정을 닦은 힘이 있다 하더라도 죽음을 당해서 마음이 산란하지 않기는 어렵다. 또 죽을

때는 설사 정신을 차린다 하더라도 태어날 때 다시 어두워
져 버린다. 그것을 흔히 정신이 매昧한다고 한다. 선정의 힘
이 뛰어난 사람은 죽을 때나 태어날 때 모두 정신이 매하지
않는다.

발 보 리 의　　심 무 치 란　　　사 선 지 식　　심 무 치
發菩提意에 **心無癡亂**하며 **事善知識**에 **心無癡**
란　　근 수 불 법　　심 무 치 란
亂하며 **勤修佛法**에 **心無癡亂**하니라

"보리심을 내는 데 마음이 우치하거나 산란하지 않
으며, 선지식을 섬기매 마음이 우치하거나 산란하지 않
으며, 불법을 부지런히 닦는 데 우치하거나 산란하지
않느니라."

보리심을 발할 때에나 선지식을 섬길 때, 또 불법을 부지
런히 닦을 때, 이와 같은 경계는 수행자로서 모두 순경계인
데 그와 같은 순경계에 오히려 정신이 매하지 않기 어렵다.
선정을 제대로 닦은 보살은 이와 같은 경계에 마음이 산란

하지 않는다.

각 지 마 사　심 무 치 란　이 제 마 업　심 무 치
覺知魔事에 **心無癡亂**하며 **離諸魔業**에 **心無癡**

란　어 불 가 설 겁 수 보 살 행　심 무 치 란
亂하며 **於不可說劫修菩薩行**에 **心無癡亂**이니라

"마군의 일을 알아서 마음이 우치하거나 산란하지 않
으며, 모든 마군의 업을 여의어 마음이 우치하거나 산
란하지 않으며, 말할 수 없는 겁 동안 보살행을 닦으매
마음이 우치하거나 산란하지 않느니라."

마군의 일을 알거나, 마군의 모든 업을 버리거나, 오랜 세
월 동안 보살행을 닦는 이 모든 것도 역시 차원 높은 순경계
다. 이와 같은 경계에서도 선정을 잘 닦은 보살은 마음이 산
란하지 않는다. 이것이 바른 생각, 즉 정념이다.

대방광불화엄경 강설

(3) 선정의 힘으로 온갖 법을 듣다

차보살 성취여시무량정념 어무량아승
此菩薩이 **成就如是無量正念**하고 **於無量阿僧**

지겁중 종제불보살선지식소 청문정법
祇劫中에 **從諸佛菩薩善知識所**하야 **聽聞正法**하나니

"이 보살이 이렇게 한량없는 바른 생각을 성취하고
는, 한량없는 아승지 겁 동안 부처님과 보살과 선지식
에게서 바른 법을 듣느니라."

바른 생각인 선정을 성취해야 오랜 세월 동안 부처님과
보살과 선지식으로부터 정법을 듣고 잘 기억할 수 있게 된
다. 비록 큰 법문이 아니고 세속적인 말을 듣거나 책을 읽더
라도 바른 생각과 바른 사고력은 매우 중요하다. 사찰에서
법문을 듣기 전에 형식적이나마 반드시 입정을 하는 것은 그
래서 대단히 중요하다.

소위심심법 광대법 장엄법 종종장엄
所謂甚深法과 **廣大法**과 **莊嚴法**과 **種種莊嚴**

법　연설종종명구문신법　보살장엄법　불신
法과 演說種種名句文身法과 菩薩莊嚴法과 佛神

력광명무상법　정희망결정해청정법　불착
力光明無上法과 正希望決定解淸淨法과 不着

일체세간법　분별일체세간법　심광대법　이
一切世間法과 分別一切世間法과 甚廣大法과 離

치예조료일체중생법　일체세간공법불공법
癡翳照了一切衆生法과 一切世間共法不共法과

보살지무상법　일체지자재법
菩薩智無上法과 一切智自在法이라

"이른바 매우 깊은 법, 넓고 큰 법, 장엄한 법, 갖가
지 장엄한 법, 갖가지 낱말, 구절, 소리의 굴곡[名句文身]
을 연설하는 법, 보살의 장엄하는 법, 부처님의 신력과
광명의 가장 높은 법, 바른 희망으로 결정한 이해인 청
정한 법, 일체 세간에 집착하지 않는 법, 일체 세간을
분별하는 법, 매우 깊고 광대한 법, 어리석음을 떠나 일
체 중생을 분명히 아는 법, 일체 세간이 함께하고 함께
하지 않는 법, 보살 지혜의 가장 높은 법, 일체 지혜로
자재한 법이니라."

바른 생각의 선정으로 정법을 듣는데 그 정법을 열다섯 가지로 밝혔다. 눈으로 보는 법이나 귀로 듣는 법이나 글과 문장으로 이해하는 법이나 보살들의 장엄법이나 부처님의 신력인 광명법 등 온갖 법을 다 열거하였다. 어떤 법이든지 바른 생각인 선정을 수행하지 아니하면 듣고 이해하기란 불가능하다. 바른 생각인 선정의 중요성을 특별히 강조하였다.

보살　청문여시법이　경아승지겁　불망
菩薩이 聽聞如是法已에 經阿僧祇劫토록 不忘

불실　심상억념　무유간단
不失하고 心常憶念하야 無有間斷이니라

"보살이 이런 법을 듣고는 아승지 겁을 지내도 잊어버리지 않고, 잃어버리지 않고, 마음에 항상 기억하여 간단함이 없느니라."

앞에서 열거한 열다섯 가지 법을 듣더라도 바른 생각인 선정의 힘으로 아무리 오랜 세월이 지나도 잊어버리지 않고,

잃어버리지 않고, 마음에 항상 기억한다. 보통 사람들은 어릴 때는 그나마 듣고 본 것을 기억하지만 나이가 들면 잘 잊어버린다. 경문을 외거나 어학을 공부할 때 오래도록 기억하는 일이 얼마나 중요하던가. 뛰어난 기억력이 있는 것도 하나의 큰 능력이다. 정신 집중인 선정을 잘 닦으면 기억력도 향상된다.

(4) 선정 수행의 인과를 밝히다

하 이 고　보 살 마 하 살　어 무 량 겁　수 제 행 시
何以故오 **菩薩摩訶薩**이 **於無量劫**에 **修諸行時**에

종 불 뇌 란 일 중 생　영 실 정 념　불 괴 정 법
終不惱亂一衆生하야 **令失正念**하야 **不壞正法**하며

부 단 선 근　심 상 증 장 광 대 지 고
不斷善根하야 **心常增長廣大智故**니라

"무슨 까닭인가. 보살마하살이 한량없는 겁 동안 모든 행을 닦을 때에 한 중생이라도 뇌란하여 바른 생각을 잃어버리지 않게 하며, 바른 법을 파괴하지 않고, 선근을 끊지 아니하여 마음에 항상 광대한 지혜를 증장하

대방광불화엄경 강설

게 하는 연고이니라."

선정 수행을 하는 것도 결국에는 중생을 위한 일이다. 대승불교는 그 어떤 수행이든 공부든 모두가 중생을 위한 것이다. 특히 선정은 한 중생이라도 뇌란하지 않게 하며 바른 생각으로 바른 법을 닦아 선근을 끊지 않고 광대한 지혜를 증장하게 한다.

(5) 선정을 성취하면 어떤 음성도 산란케 하지 못한다

부차 차 보살 마 하살　종 종 음 성　불 능 혹 란
復次此菩薩摩訶薩은 **種種音聲**이 **不能惑亂**하나니

소 위 고 대 성　추 탁 성　극 령 인 공 포 성　열 의 성
所謂高大聲과 **麤濁聲**과 **極令人恐怖聲**과 **悅意聲**과

불 열 의 성　훤 난 이 식 성　저 괴 육 근 성
不悅意聲과 **諠亂耳識聲**과 **沮壞六根聲**이라

"또한 이 보살마하살은 갖가지 음성으로도 산란케 하지 못하나니, 이른바 높고 큰 음성, 거칠고 탁한 음성, 지극히 사람을 공포스럽게 하는 음성, 뜻에 기쁜 음성,

기쁘지 않은 음성, 귀를 시끄럽게 하는 음성, 육근六根을 망가뜨리는 음성이니라."

선정을 닦은 사람에게는 어떤 소리도 그를 산란하게 하지 못한다. 사찰의 선원에서는 도량에서 수련대회를 하는 아이들의 떠드는 소리나 건축 공사 등으로 소리가 좀 난다고 하여 그것을 문제 삼는 경우가 종종 있다. 소리 때문에 산란해서 공부가 안 된다는 것이다. 그와 같은 소리가 없을 때는 선정이 얼마나 잘 성취되었던가. 선정이 이뤄지지 않는 것은 밖의 소리에 까닭이 있는 것이 아니다. 자신 속에서 일으키는 삼독번뇌의 소리 때문일 것이다.

(6) 온갖 음성에도 마음이 산란하지 않는다

차 보 살　　문 여 시 등 무 량 무 수 호 오 음 성　　　가
此菩薩이 聞如是等無量無數好惡音聲호대 假

사 충 만 아 승 지 세 계　　　미 증 일 념 심 유 산 란
使充滿阿僧祗世界라도 未曾一念心有散亂하나니

所謂正念不亂과 境界不亂과 三昧不亂과 入甚深

法不亂과 行菩提行不亂과 發菩提心不亂과 憶念

諸佛不亂과 觀眞實法不亂과 化衆生智不亂과 淨

衆生智不亂과 決了甚深義不亂이니라

"이 보살은 이와 같이 한량없고 수없는 좋고 나쁜 음성을 가령 아승지 세계에 가득함을 듣더라도, 잠깐 동안도 마음이 산란치 아니하느니라. 이른바 바른 생각이 산란치 않고, 경계가 산란치 않고, 삼매가 산란치 않고, 깊은 법에 들어감이 산란치 않고, 보리행을 닦음이 산란치 않고, 보리심을 내는 것이 산란치 않고, 부처님들을 생각함이 산란치 않고, 진실한 법을 관찰함이 산란치 않고, 중생을 교화하는 지혜가 산란치 않고, 중생을 청정케 하는 지혜가 산란치 않고, 깊은 이치를 분명히 아는 것이 산란치 아니하니라."

선정으로 다져져서 행하는 보살의 바른 법은 밖에서 들

려오는 그 어떤 소리가 아승지 세계에 가득차더라도 결코 한순간도 마음이 산란하지 않는다. 어떤 법이 산란하지 않는가? 보살의 바른 법이 산란치 않고, 보살의 경계가 산란치 않고, 보살의 삼매가 산란치 않는다. 만약 악한 소리나 유혹하는 소리 등에 보살이 하는 불사가 산란해진다면 어떻게 되겠는가. 또 보살이 깊은 법에 들어가고, 보리행을 닦고, 보리심을 발하고, 부처님을 생각하고, 진실한 법을 관찰하고, 중생을 교화하는 등의 불사가 한순간도 산란하지 않는다. 그것은 선정을 깊이 닦았기 때문이다. 선정의 힘은 이와 같다.

(7) 모든 장애를 떠나다

부작악업고　　무악업장　　불기번뇌고　　무
不作惡業故로 **無惡業障**하며 **不起煩惱故**로 **無**

번뇌장　　불경만법고　　무유법장　　불비방정
煩惱障하며 **不輕慢法故**로 **無有法障**하며 **不誹謗正**

법고　　무유보장
法故로 **無有報障**하니라

“악업惡業을 짓지 아니하므로 악업의 장애가 없고, 번뇌를 일으키지 아니하므로 번뇌의 장애가 없고, 법을 가벼이 여기지 아니하므로 법의 장애가 없고, 정법을 비방하지 아니하므로 과보의 장애가 없느니라.”

선정으로 바른 생각[正念]을 가지게 되면 악업을 짓지 않게 되고, 번뇌를 일으키지 않게 되고, 불법을 소중하게 생각하게 되고, 정법을 크게 드날리게 된다. 이와 같지 못하다면 선정에 의한 바른 생각을 갖지 못한 것이다.

(8) 선정을 닦은 보살의 마음은 움직이지 않는다

佛子야 如上所說如是等聲이 一一充滿阿僧

祗世界하야 於無量無數劫에 未曾斷絶하야 悉能

壞亂衆生身心의 一切諸根호대 而不能壞此菩薩

心이니라 菩薩이 入三昧中하야 住於聖法에 思惟觀

찰 일 체 음 성　　　선 지 음 성　　생 주 멸 상　　　선 지 음
察一切音聲하야 善知音聲의 生住滅相하며 善知音

성　　생 주 멸 성
聲의 生住滅性하나니라

"불자들이여, 위에 말한 음성들이 낱낱이 아승지 세계에 가득하여 한량없고 수없는 겁에 잠깐도 끊이지 않으면서 중생의 몸과 마음과 모든 근根을 무너뜨리더라도 이 보살의 마음은 무너뜨리지 못하며, 보살이 삼매에 들어 성인聖人의 법에 머물고, 일체 음성을 생각하고 관찰하여, 음성의 생기고 머물고 소멸하는 모양을 잘 알며, 음성의 생기고 머물고 소멸하는 성품을 잘 아느니라."

아무리 오랫동안 온갖 음성으로 중생들의 몸과 마음의 모든 근을 무너뜨리더라도 보살의 마음은 무너뜨리지 못한다. 그 까닭은 보살은 선정의 힘으로 성스러운 법에 머물기 때문이다. 또 보살은 일체 음성을 잘 관찰하여 음성이 무상하고 공하며 실체가 없음을 잘 알기 때문이다. 실로 음성과 같이 허망하고 무상한 것은 없다. 그럼에도 그 허망한 음성에 집착하여 울고 웃고, 분노와 기쁨에 정신을 잃고 만다.

그러나 보살은 선정에 의한 바른 생각으로 음성의 실상을 꿰뚫어 알아 이끌리거나 집착하지 않는다.

(9) 청정을 얻다

여시문이 불생어탐 불기어진 불실
如是聞已에 不生於貪하며 不起於瞋하며 不失

어념 선취기상 이불염착 지일체성
於念하야 善取其相호대 而不染着하며 知一切聲이

개무소유 실불가득 무유작자 역무본
皆無所有하야 實不可得이라 無有作者하며 亦無本

제 여법계등 무유차별
際하야 與法界等하야 無有差別이니라

"이와 같이 듣고는 탐심을 내지 아니하고, 성을 내지 아니하고, 생각을 잃지 아니하며, 그 모양을 잘 취하되 집착하지 아니하며, 일체 음성이 다 없는 것이어서 실로 얻을 수 없느니라. 지은 이도 없고 또한 근본의 경계도 없어서 법계와 평등하여 차별이 없느니라."

보살은 아름다운 소리를 듣되 소리를 탐하지 않으며, 나

뻔 소리를 듣되 그 소리에 성내지 않으며, 어떤 생각도 잃어버리지 않는다. 설사 일체 상을 잘 취하더라도 그 상에 집착하지 않는 것이 마치 일체 소리가 들리지만 그 소리의 실체가 없는 것과 같이 안다. 실로 소리는 없다. 말도 없다. 그런데 무엇을 붙잡고 시시비비하는가? 착각으로 눈앞에 나타난 환영을 실재한다고 고집하면서 시시비비하는가? 바른 생각을 지킬 수 있는 선정은 이와 같이 중요하다.

(10) 선정의 공덕

보살 여시성취적정신어의행 지일체지
菩薩이 如是成就寂靜身語意行에 至一切智하야

영불퇴전 선입일체제선정문 지제삼매
永不退轉하고 善入一切諸禪定門하야 知諸三昧가

동일체성 요일체법 무유변제 득일체법
同一體性하며 了一切法이 無有邊際하며 得一切法

진실지혜 득리음성심심삼매 득아승지
眞實智慧하며 得離音聲甚深三昧하며 得阿僧祇

제삼매문 증장무량광대비심
諸三昧門하야 增長無量廣大悲心하나니

"보살이 이와 같이 적정한 몸과 말과 뜻으로 하는 행을 성취하고는 일체 지혜에 이르도록 영원히 퇴전치 아니하고, 일체 모든 선정의 문에 잘 들어가서 모든 삼매가 동일한 성품임을 알며, 일체 법이 끝이 없음을 알며, 일체 법의 진실한 지혜를 얻으며, 음성을 여읜 깊은 삼매를 얻으며, 아승지의 모든 삼매문을 얻어서 한량없이 광대한 대비심大悲心을 증장하느니라."

선정의 공덕은 실로 무량하다. 선정은 바른 생각을 지킬 수 있기 때문이다. 만약 일체 법에 선정으로 바른 생각만 지킬 수 있게 된다면 적정한 몸과 말과 뜻으로 행하는 행을 성취하게 되리라. 얼마나 침착하고 품위가 있겠는가. 그것이 곧 일체 지혜에 이른 것이다.

시시　보살　어일념중　득무수백천삼매
是時에 菩薩이 於一念中에 得無數百千三昧일새

문여시성　심불혹란　영기삼매　점갱증
聞如是聲호대 心不惑亂하야 令其三昧로 漸更增

廣하니라

"이때에는 보살이 잠깐 동안에 수없는 백천 삼매를 얻어서 이와 같은 음성을 들어도 마음이 산란하지 않고 그 삼매로 하여금 점점 더 크고 넓게 되느니라."

한 생각이 선정에 들면 무수한 백천 삼매가 저절로 따라온다. 그때에는 칭찬하는 소리에도 악담하고 헐뜯는 소리에도 결코 마음이 산란하지 않는다. 어떤 소리든지 소리의 실상을 꿰뚫어 알고 있으므로 일체 삼매가 더욱 크고 광대해진다.

(11) 중생들을 더욱 이익하게 할 것을 생각하다

작 여 시 념　　　아 당 영 일 체 중 생　　　안 주 무 상
作如是念호대 **我當令一切衆生**으로 **安住無上**

청 정 념 중　　　어 일 체 지　　　득 불 퇴 전　　　구 경 성
淸淨念中하야 **於一切智**에 **得不退轉**하야 **究竟成**

취 무 여 열 반　　　시 명 보 살 마 하 살　　　제 오 이
就無餘涅槃이라하나니 **是名菩薩摩訶薩**의 **第五離**

癡亂行이니라

　"또 생각하기를 '내가 일체 중생으로 하여금 위가 없이 청정한 생각에 편안히 머물러 일체 지혜에서 퇴전치 아니하고 구경에는 무여열반을 성취케 하리라.' 하나니, 이것이 이름이 보살마하살의 제5 이치란행離癡亂行이니라."

　어리석고 산란하지 않는 행이 인생에 있어서 얼마나 중요한가. 보살은 선정을 통하여 어리석고 산란하지 않는 행을 닦으면서 일체 중생들이 가장 높은 텅 빈 청정한 생각에 편안히 머물러 일체 지혜에서 퇴전하지 않고 결국 최상의 열반을 성취하게 되기를 서원한다.

8) 제6 선현행善現行

(1) 선현행善現行을 해석하다

불자　　하등　위보살마하살　선현행　　차보
佛子야 **何等**이 **爲菩薩摩訶薩**의 **善現行**고 **此菩**

薩_이 身業淸淨_{하며} 語業淸淨_{하며} 意業淸淨_{하며} 住
無所得_{하며} 示無所得身語意業_{하야} 能知三業_이 皆
無所有_{하며} 無虛妄故_로 無有繫縛_{하며} 凡所示現_이
無性無依_{니라}

"불자들이여, 어떤 것이 보살마하살의 선현행善現行인가. 이 보살들의 몸으로 짓는 업이 청정하고, 말로 짓는 업이 청정하고, 뜻으로 짓는 업이 청정하여, 얻은 것 없는 데 머물러서, 얻을 것 없는 몸과 말과 뜻의 업을 보이느니라. 세 가지 업이 모두 없어서 허망함이 없는 줄을 아는 까닭에 얽매임이 없으며, 무릇 나타내 보이는 것이 성품도 없고 의지함도 없느니라."

잘 나타내는 수행의 선현행이란 반야지혜로 신·구·의 삼업이 텅 비고 청정하여 그 무엇에도 얻을 것이 없음에 머무는 것이다. 만약 삼업이 텅 비어 청정하지 못한 데 머문다면 몸과 말과 뜻의 하는 일이 잘 나타나지 못한다. 비었으므로 비로소 잘 나타나는 것이다. 삼업의 일체가 텅 비어 없고 허망할 것도 없으므로 속박이 없어서, 다시 삼업을 우정 나타내더라도 성품도 없고 의지함도 없는 자유로운 나타남이 된다.

(2) 선현행의 상相을 널리 분별하다

住如實心하야 知無量心自性하고 知一切法自
性이나 無得無相하야 甚深難入하며 住於正位眞如
法性하야 方便出生호대 而無業報하야 不生不滅하며
住涅槃界하고 住寂靜性하고 住於眞實無性之性하야
言語道斷하니 超諸世間하야 無有所依니라

"실제와 같은 마음에 머물러 한량없는 마음의 자성을 알며, 일체 법의 자성을 알지마는 얻은 것도 없고 형

상도 없어서, 매우 깊어 들어가기 어려우며, 바른 자리
[正位]인 진여의 법성法性에 머물러, 방편으로 출생하지마
는 업보가 없는 것이어서 나지도 않고 멸하지도 않으
며, 열반의 경계에 머물고 고요한 성품에 머물고 진실
하여 성품이 없는 성품에 머무르며, 언어의 길이 끊어
지고 모든 세간을 초월하여 의지한 데가 없느니라.”

　불교의 일체 수행은 실제와 같은 마음에 머물기[住如實心]
위한 것이다. 만약 실제와 같은 마음에 머물면 마음의 자성
과 일체 법의 자성을 안다. 또 바른 자리[正位]인 진여의 법성
法性에 머물러 방편으로 출생하지만 업보가 없는 것이어서
나지도 않고 멸하지도 않는다. 즉 생사에 자재하게 된다.
열반에 머물며 적정한 본성에 머물러 언어의 길이 끊어지고
모든 세간을 초월한다. 이것이 잘 나타나는 선현행의 모습
이다.

입 리 분 별 무 박 착 법　　　입 최 승 지 진 실 지 법
入離分別無縛着法하며　**入最勝智眞實之法**하며

입 비 제 세 간 소 능 요 지 출 세 간 법　　　차 시 보 살
入非諸世間所能了知出世間法하나니 **此是菩薩**의

선 교 방 편　　　시 현 생 상
善巧方便으로 **示現生相**이니라

"분별을 여의어 속박이 없는 법에 들어갔으며, 가장
수승한 지혜의 진실한 법에 들어갔으며, 모든 세간으로
는 알 수 없는 출세간법에 들어갔나니, 이것이 보살의
교묘한 방편으로 시현하여 내는 모습이니라."

실제와 같은 마음에 머물면 분별을 여의어 속박이 없는
법에 들어가게 되며, 가장 수승한 지혜의 진실한 법에 들어
가게 된다. 또 모든 세간으로는 알 수 없는 출세간법에 들어
가게 된다. 진정한 잘 나타나는 선현행이다.

(3) 이치로써 사상事相을 알다

불 자　　차 보 살　　작 여 시 념　　　일 체 중 생　　　무
佛子야 **此菩薩**이 **作如是念**호대 **一切衆生**이 **無**

성 위 성　　　일 체 제 법　　무 위 위 성　　　일 체 국 토
性爲性이며 **一切諸法**이 **無爲爲性**이며 **一切國土**가

무 상 위 상　　일 체 삼 세　　유 시 언 설　　일 체 언 설
無相爲相이며 **一切三世**가 **唯是言說**이며 **一切言說**이

어 제 법 중　　무 유 의 처　　일 체 제 법　　어 언 설 중
於諸法中에 **無有依處**며 **一切諸法**이 **於言說中**에

역 무 의 처
亦無依處라하나니라

　"불자들이여, 이 보살이 생각하기를 '일체 중생이 성품이 없으므로 성품을 삼았고, 일체 법이 함이 없으므로 성품을 삼았고, 일체 국토가 형상이 없으므로 형상을 삼았으며, 일체 삼세가 오직 말뿐이니, 일체 언설이 모든 법 가운데 의지할 곳이 없고, 일체 모든 법이 언설 가운데 또한 의지한 곳이 없다.'고 하느니라."

　일체 중생은 본래 그 자성이 없다. 일체 법은 본래 함이 없다. 일체 국토는 본래 형상이 없다. 일체 과거 현재 미래는 모두 오직 언설일 뿐이다. 일체 언설 또한 일체 제법 그 어디에도 의지할 곳은 없다. 일체 법도 언설로 표현하지만 언설 중에 또한 의지할 데가 없다. 일체가 환영이요, 영상이요, 그림자일 뿐이다. 이것이 이치로 본 사상이다.

(4) 이치와 사상이 걸림이 없다

보살 여시해일체법 개실심심 일체세
菩薩이 如是解一切法이 皆悉甚深하며 一切世

간 개실적정 일체불법 무소증익 불법
間이 皆悉寂靜하며 一切佛法이 無所增益하며 佛法이

불이세간법 세간법 불이불법 불법세간
不異世間法하고 世間法이 不異佛法하며 佛法世間

법 무유잡란 역무차별 요지법계 체성
法이 無有雜亂하고 亦無差別하며 了知法界가 體性

평등 보입삼세
平等하야 普入三世하니라

"보살이 이와 같이 일체 법이 모두 깊고 깊으며, 일체 세간이 다 적정하고, 일체 불법이 더함이 없고, 불법이 세간법과 다르지 않고, 세간법이 불법과 다르지 않으며, 불법과 세간법이 섞이지 아니하며, 또한 차별도 없음을 이해하느니라. 법계의 자체 성품이 평등하여 삼세에 두루 들어감인 줄을 분명히 아느니라."

"일체 법이 모두 깊고 깊다."는 것은 이치와 사상, 즉 이理와 사事가 걸림이 없음을 한마디로 표현한 것이다. 세간상은 공하고 불법은 평등하다. 그래서 세간법과 불법이 둘이 아니다. 이치마다 사상 아닌 것이 없고, 사상마다 이치 아닌 것이 없다. 그래서 세간법과 불법이 다르지 않다. 만약 세간법을 버리고 불법을 찾는다면 그것은 물결을 버리고 물을 찾는 격이다. 그래서 본래로 이와 사가 무애하고 불법과 세간법이 무애하다.

(5) 이치를 따라서 자비를 일으키다

永不捨離大菩提心하며 恒不退轉化衆生心하며
영불사리대보리심　　　항불퇴전화중생심

轉更增長大慈悲心하야 與一切衆生으로 作所依
전갱증장대자비심　　　여일체중생　　　작소의

處니라
처

"큰 보리심을 영원히 버리지 않고, 중생을 교화하는 마음이 항상 퇴전하지 않으며, 큰 자비심이 더욱 증장하여 일체 중생의 의지할 데가 되느니라."

보살은 어떤 수행의 단계에 있든 큰 보리심을 영원히 버리지 않아야 한다. 또 중생을 교화하는 마음이 항상 퇴전하지 않아야 한다. 큰 자비심이 더욱 증장하여 일체 중생의 의지할 데가 되어야 한다. 이것이 보살의 길이다.

(6) 내가 교화하지 않으면 누가 교화하겠는가

菩薩이 爾時에 復作是念호대 我不成熟衆生이면
誰當成熟이며 我不調伏衆生이면 誰當調伏이며 我
不敎化衆生이면 誰當敎化며 我不覺悟衆生이면 誰
當覺悟며 我不淸淨衆生이면 誰當淸淨이리오 此我
所宜요 我所應作이라하니라

"보살이 이때에 다시 생각하기를 '내가 중생을 성숙시키지 않으면 누가 성숙시키며, 내가 중생을 조복하지 않으면 누가 조복하며, 내가 중생을 교화하지 않으면

누가 교화하며, 내가 중생을 깨우치지 않으면 누가 깨
우치며, 내가 중생을 청정케 하지 않으면 누가 청정케
하겠는가. 이것은 나에게 마땅한 일이니 내가 하여야 하
리라.' 하느니라."

중생을 향한 보살의 뜨거운 서원이 잘 표현된 내용이다.
중생을 성숙시키고, 중생을 조복하고, 중생을 교화하고, 중
생을 깨우치고, 중생을 청정케 하는 일, 이 모든 것을 내가
하지 않으면 누가 하겠는가. 보살은 언제나 이와 같은 원력
이 있어야 한다. 주변에서 어려움을 당하는 사람을 볼 때 이
것은 당연히 내가 해야 할 일이라고 생각하는 것, 그것이 보
살의 마음이다.

(7) 나만 이 법을 알면 다른 중생은 어찌 되겠는가

復作是念_{호대} 若我自解此甚深法_{인댄} 唯我一

人_이 於阿耨多羅三藐三菩提_에 獨得解脫_{이요} 而

諸衆生은 盲冥無目하야 入大險道하며 爲諸煩惱

之所纏縛하며 如重病人하야 恒受苦痛하며 處貪愛

獄하야 不能自出하며 不離地獄餓鬼畜生閻羅王

界하며 不能滅苦하고 不捨惡業하며 常處癡闇하야

不見眞實하며 輪廻生死하야 無得出離하며 住於八

難하야 衆垢所着이며 種種煩惱가 覆障其心하며 邪

見所迷로 不行正道니라

"또 생각하기를 '만일 나만 이 깊은 법을 알면 오직 나 한 사람만이 아뇩다라삼먁삼보리에서 홀로 해탈할 것이다. 다른 중생들은 캄캄하고 눈이 없어 큰 험난한 길에 들어갈 것이며, 모든 번뇌에 속박이 되어 중병에 걸린 사람이 항상 고통을 받는 것 같을 것이며, 탐애의 옥에 떨어져 나오지 못할 것이요, 지옥·아귀·축생·염라

왕 세계를 벗어나지 못하여 고통을 소멸하지 못하고, 악업을 버리지 못할 것이며, 어두운 데 항상 있으면서 진실한 이치를 보지 못하고, 생사에 윤회하면서 벗어나지 못하고, 팔난八難³²⁾에 있으면서 더러운 때에 물들고, 갖가지 번뇌가 마음을 가리어서 삿된 소견에 빠져 바른 도를 행하지 못하리라.' 하느니라."

불교는 깨달음의 종교다. 깨달음을 스스로 증득하는 것을 자각自覺이라 하고, 다른 사람을 깨닫게 하는 것을 각타覺他라고 한다. 자신도 깨닫고 다른 이도 깨닫게 해서 각행覺行이 원만한 것을 불교 최고의 이상이라고 한다. 만약 자신만 깨닫고 다른 사람은 깨닫지 못한다면 깨닫지 못한 사람에게 돌아올 불이익이 이와 같이 많음을 열거하였다.

---

32) 팔난처八難處, 팔난해법八難解法, 팔무가八無暇. 부처님을 볼 수 없고 부처님의 가르침을 들을 수 없는 8종의 영역. 불법佛法과는 인연이 없는 8종의 장소. 고통이 격렬한 3악도로서 지옥, 아귀, 축생, 장수를 즐기므로 구도심이 일어나지 않는 장수천長壽天, 즐거움이 지나치게 많은 변지邊地, 감각기관에 결함이 있는 맹롱음아盲聾瘖瘂, 바른 이치를 따르지 않고 세속의 사견에 맹종하는 세지변총世智辯聰, 부처님이 세상에 없는 시기인 불전불후佛前佛後.

(8) 중생들을 먼저 교화하라

보살 여시관제중생 작시념언 약차
菩薩이 如是觀諸衆生하고 作是念言호대 若此

중생 미성숙미조복 사이취증아뇩다라삼
衆生이 未成熟未調伏이어늘 捨而取證阿耨多羅三

먁삼보리 시소불응 아당선화중생 어
藐三菩提인댄 是所不應이니 我當先化衆生하야 於

불가설불가설겁 행보살행 미성숙자 선
不可說不可說劫에 行菩薩行하야 未成熟者를 先

령성숙 미조복자 선령조복
令成熟하며 未調伏者를 先令調伏이라하나니라

"보살이 이렇게 중생을 관찰하고는 이런 생각을 하느니라. '만약 이 중생들이 성숙되지 못하고 조복되지 못한 것을 그냥 버려두고 아뇩다라삼먁삼보리를 증득한다는 것은 차마 못할 일이다. 내가 먼저 중생들을 교화하면서 말할 수 없이 말할 수 없는 겁에 보살의 행을 행하되, 성숙하지 못한 이를 먼저 성숙케 하고, 조복하지 못한 이를 먼저 조복케 하리라.' 하느니라."

보살의 중생을 위한 서원의 극치다. 보살은 자신의 깨달

음이나 교화나 성숙을 먼저 생각하지 않고 중생들의 깨달음
과 교화와 성숙을 먼저 생각한다. 이것을 흔히 자미득도선
도타自未得度先度他라고 한다. 자신을 제도하기 전에 다른 사
람을 먼저 제도한다는 뜻이다. 지장보살은 "지옥의 중생들
을 다 제도하여 지옥이 텅 비기 전에는 맹세코 성불하지 않
겠다. 또 중생을 다 제도하고 나서 비로소 내가 깨달음을
이루겠다."라는 비장한 서원을 세운 분이다. 일체 보살의 정
신은 본래로 이와 같다.

(9) 이와 같은 보살을 섬기면 깨달음을 이루리라

是菩薩이 住此行時에 諸天魔梵沙門婆羅門과

一切世間乾達婆阿修羅等이 若有得見이어나 暫

同住止어나 恭敬尊重이어나 承事供養이어나 及暫耳

聞하야 一經心者라도 如是所作이 悉不唐捐하야 必

정 당 성 아 뇩 다 라 삼 먁 삼 보 리　　　시 명 보 살 마
定當成阿耨多羅三藐三菩提하나니 **是名菩薩摩**

하 살　제 육 선 현 행
訶薩의 **第六善現行**이니라

"이 보살이 이 행에 머물러 있을 때에 모든 천신, 마군, 범천, 사문, 바라문과 일체 세간과 건달바, 아수라들이 만일 만나 보거나 잠깐이라도 함께 있거나 공경하고 존중하고 섬기고 공양하거나 잠깐 귀로 듣거나 마음에 한 번 거치기만 하여도, 이런 일이 헛되지 아니하여 반드시 아뇩다라삼먁삼보리를 이룰 것이니, 이것이 이름이 보살마하살의 제6 선현행善現行이니라."

지금까지 밝힌 보살의 중생을 위한 뜨거운 서원을 실천할 때에 천신, 마군, 범천, 사문, 바라문과 일체 세간과 건달바, 아수라들이 이 사실을 알거나, 듣거나, 보거나, 생각에 한 번 스치고 지나가기만 하여도 결코 헛되지 아니하여 반드시 최상의 깨달음을 성취할 것이다.

이로써 십행품 중 여섯 번째 행인 선현행善現行까지를 설명하여 마쳤다. 화엄경 제19권에서는 부처님이 야마천궁에

올라가시는 품과 야마천궁에서 게송으로 부처님을 찬탄하
는 품과 십행품 전반을 설하였다.

십행품 1 끝

〈제19권 끝〉

華嚴經 構成表

分次	周次		内容	品數	會次
擧果勸樂生信分 (信)	所信因果周		如來依正	世主妙嚴品 第一 如來現相品 第二 普賢三昧品 第三 世界成就品 第四 華藏世界品 第五 毘盧遮那品 第六	初會
修因契果生解分 (解)	差別因果周	差別因	十信	如來名號品 第七 四聖諦品 第八 光明覺品 第九 菩薩問明品 第十 淨行品 第十一 賢首品 第十二	二會
			十住	昇須彌山頂品 第十三 須彌頂上偈讚品 第十四 十住品 第十五 梵行品 第十六 初發心功德品 第十七 明法品 第十八	三會
			十行	昇夜摩天宮品 第十九 夜摩天宮偈讚品 第二十 十行品 第二十一 十無盡藏品 第二十二	四會
			十廻向	昇兜率天宮品 第二十三 兜率宮中偈讚品 第二十四 十廻向品 第二十五	五會
			十地	十地品 第二十六	六會
			等覺	十定品 第二十七 十通品 第二十八 十忍品 第二十九 阿僧祇品 第三十 如來壽量品 第三十一 菩薩住處品 第三十二	七會
		差別果	妙覺	佛不思議法品 第三十三 如來十身相海品 第三十四 如來隨好光明功德品 第三十五	
	平等因果周	平等因		普賢行品 第三十六	
		平等果		如來出現品 第三十七	
托法進修成行分 (行)	成行因果周		二千行門	離世間品 第三十八	八會
依人證入成德分 (證)	證入因果周		證果法門	入法界品 第三十九	九會

(資料：文殊經典研究會)

會場	放光別	會主	入定別	說法別舉
菩提場	遮那放齒光眉間光	普賢菩薩爲會主	入毘盧藏身三昧	如來依正法
普光明殿	世尊放兩足輪光	文殊菩薩爲會主	此會不入定．信未入位故	十信沄
忉利天宮	世尊放兩足指光	法慧菩薩爲會主	入無量方便三昧	十住法門
夜摩天宮	如來放兩足趺光	功德林菩薩爲會主	入菩薩善思惟三昧	十行法門
兜率天宮	如來放兩膝輪光	金剛幢菩薩爲會主	入菩薩智光三昧	十廻向法門
他化天宮	如來放眉間毫相光	金剛藏菩薩爲會主	入菩薩大智慧光明三昧	十地法門
再會普光明殿	如來放眉間口光	如來爲會主	入刹那際三昧	等妙覺法門
三會普光明殿	此會佛不放光．表行依解法依解光故	普賢菩薩爲會主	入佛華莊嚴三昧	二千行門
祇陀園林	放眉間白毫光	如來善友爲會主	入獅子頻申三昧	果法門

如天 無比

1943년 영덕에서 출생하였다. 1958년 출가하여 덕흥사, 불국사, 범어사를 거쳐 1964년 해인사 강원을 졸업하고 동국역경연수원에서 수학하였다. 10여 년 선원생활을 하고 1976년 탄허스님에게 화엄경을 수학하고 전법, 이후 통도사 강주, 범어사 강주, 은해사 승가대학원장, 대한불교조계종 교육원장, 동국역경원장, 동화사 한문불전승가대학원장 등을 역임하였다.

현재 부산 문수선원 문수경전연구회에서 150여 명의 스님과 250여 명의 재가 신도들에게 화엄경을 강의하고 있다. 또한 다음 카페 '염화실'(http://cafe.daum.net/yumhwasil)을 통해 '모든 사람을 부처님으로 받들어 섬김으로써 이 땅에 평화와 행복을 가져오게 한다.'는 인불사상(人佛思想)을 펼치고 있다.

저서로 『법화경 법문』, 『신금강경 강의』, 『직지 강설』(전 2권), 『법화경 강의』(전 2권), 『신심명 강의』, 『임제록 강설』, 『대승찬 강설』, 『유마경 강설』, 『당신은 부처님』, 『사람이 부처님이다』, 『이것이 간화선이다』, 『무비 스님과 함께하는 불교공부』, 『무비 스님의 증도가 강의』, 『일곱 번의 작별인사』, 무비 스님이 가려 뽑은 명구 100선 시리즈(전 4권) 등이 있고 편찬하고 번역한 책으로 『화엄경(한글)』(전 10권), 『화엄경(한문)』(전 4권), 『금강경 오가해』 등이 있다.

대방광불화엄경 강설 제19권

| 초판 1쇄 발행_ 2015년 2월 26일
| 초판 3쇄 발행_ 2018년 6월 21일

| 지은이_ 여천 무비(如天 無比)
| 펴낸이_ 오세룡
| 편집_ 박성화 손미숙 정선경 이연희
| 기획_ 최은영
| 디자인_ 고혜정 김효선 장혜정
| 홍보 마케팅_ 이주하
| 펴낸곳_ 담앤북스
　　　　서울특별시 종로구 사직로8길 34 (내수동) 경희궁의 아침 3단지 926호
　　　　대표전화 02)765-1251 전송 02)764-1251 전자우편 damnbooks@hanmail.net
　　　　출판등록 제300-2011-115호
| ISBN　978-89-98946-46-3　04220

정가 14,000원